湛庐文化
Cheers Publishing

a mindstyle business
与 思 想 有 关

POSITIVE
ENERGY

正能量

职业经理人的养成

林正刚◎著

浙江人民出版社
ZHEJIANG PEOPLE'S PUBLISHING HOUSE

To Mimi

各方赞誉

正刚兄用多年的行业经验和职场历练沉淀出这本书，相信书中小故事折射出的职场智慧和正能量会帮助你在未来之路上走得更稳健！

李开复
创新工场董事长兼首席执行官

林正刚先生是我极为尊敬的职业人士，集职场所要求的绝大多数优秀品质和素养于一身，比如让人舒服的交流方式、娴熟的专业技能、坦荡的胸怀、对人的真诚、对事的认真以及浪漫的人文情怀。他写给年轻人的职场书我强烈推荐，愿每一位看到此书的人进步成长！

王利芬
优米网创始人

一年企业靠运气，十年企业靠经营，百年企业靠文化。正刚兄此书，在一个个看似简单的小故事中，蕴涵着丰富的企业经营理念和文化建设酌见，无疑是为职场人注入的一股不可或缺的正能量。

蒋锡培
远东控股集团有限公司
党委书记、董事局主席
中国企业联合会、
中国企业家协会副会长

现今社会和职场充满了浮躁和压力，找到工作和生活的平衡是职业经理人一个很现实的挑战。大道理存在的价值在于主导正面价值观，而经过实际历练考验过的心得，才是成就大道理的基石，这恰恰是这本书的无价之处。林老师的经历分享能够有效地帮助我们更加积极正面地规划我们的职业道路，更好地平衡工作与生活。

刘胜义
腾讯集团高级执行副总裁

林正刚是个正能量很高的人，心态好，善于沟通，知识渊博。他在跨国公司做了大半辈子职业经理人，后来只用两年时间，就成功转型成为一位优秀的教师和教练，深受学员欢迎。正能量高的人了不起，能够传递正能量的人更了不起，这本书就是他传递正能量的有效方式。

何志毅
北京大学教授
新华都商学院理事长

小和尚拜见师父，师父在吃饭，狼吞虎咽。第二次去，师父在睡觉，呼噜连天。第三次他一见面便问：“师父您还在努力修行吗？”

师父答：“当然。”

小和尚又问：“如何努力？”

师父答：“饿了就吃，困了就睡。”

小和尚不满：“这和常人有何不同？”

师父笑道：“有些人该吃饭时不肯吃，百方搜求，该睡觉时不肯睡，千般计较，自然不同。”

读正刚兄的书，便能感悟这个小故事中的禅意，修行就是关注喜乐，与人分享正能量，便是慈悲。自利利他之事，何乐不为？ 一本书，几句话，一辈子受用。

宋立新
《英才》杂志社社长

高素质的经理人绝对是企业的珍贵资源和资本的稀缺宠儿。林正刚先生用自己的亲身经历，以独特的“微阅读”方式讲述“如何成为一个成功的职业经理人”。点滴人生之中自有智慧结晶。

高群耀博士
新闻集团全球资深副总裁
前微软中国公司总裁

看过这本书你还不知道如何做一个职业经理人，找林正刚！看过这本书你还不知道如何快乐生活，找高亚麟！看过这本书你一无所获，找你小学老师！你可以不做职业经理人，你也可以不想成功，但你必须快乐生活，改变从此开始！

高亚麟
著名导演、演员

推荐序

获取正能量，人生就明亮

CBSi（中国）媒体总编　刘克丽

今年6月19日，林正刚先生给我发短信，说他写了一本书，即将出版，让我看看……

我和正刚兄相识有20年了吧！尽管他外表看上去很man，帅得有点像古代的骑士，笑起来很豪爽，实际上他心地很柔软、很善良，我觉得“侠骨柔肠”这个成语是对他秉性最真实的写照。

哇——骑士也会写书？

当我读完他书的开头两章之后，我惊呆了。我的惊讶基本来自于三点：

第一，这位在香港出生，在国外工作多年的侠骨仁兄，中文居然这么棒!

第二，正刚兄不仅中文棒，而且文章风格深入浅出，还会运用镜头式入题。

第三是内容，这一点最重要，因为他写出了一些大家心中想说却没说出来的真理，这是本书最大的价值。

- 他不惜揭自己经常迷路的尴尬来说明“找借口是掩盖思维惰性”的观点。
- 他告诉我们怎样过滤负能量。
- 他以“经历不分好坏”来鼓励我们从每一段经历中汲取正能量。
- 他颠覆了“忙中出错”的成语，认为忙不会出错，急才会出错。

没意见才是最大的风险、把“需要”的事变成“喜欢”的事、不要期望好老板等管理方面的观点让我大有收获。以前我总是希望大家意见一致，以自己喜欢的事为中心，指望老板都好说话，看来这些都是负能量的来源。

林正刚还认为权力意味着责任、尊重没有贵贱、说好话不是虚伪，这又与我的价值观产生了极大的共鸣。我不想当官就是因为怕担责任，我和扫厕所、拾破烂的人照样交朋友，我从不拍马，但从不吝啬夸赞别人的优点……

一本书读完，我的感觉是，这不仅是一本关于如何在职场上获取正能量的书，更是一本告诉我们，作为一个正直的人怎样不断获取人生正能量的书。

书中的精彩内容还有很多，有待读者自己去发现。

缘起

分享的快乐

2009年圣诞节期间，我在家里闲着无聊，想起在一次论坛上和李开复、张亚勤等人聊天，开复谈起“微博”的话题，觉得很有意思，于是就抱着体验新事物的想法注册了自己的微博。我常常在微博上与年轻朋友互动，解答他们的一些问题，有关于工作的，也有关于人生的，在这个过程中，我自己也学到了不少东西。转眼间三年过去了，我的新浪微博粉丝已经有一百多万，腾讯微博的粉丝更是达到三百多万，很高兴大家喜欢我在微博中分享的内容。

微博写了一段时间后，有出版商找到我，希望我能专门写作一本关于职场的书，分享自己从事职业经理人三十几年来积累的经验和心得，出版一本可以帮助更多的年轻职业经理人成功的“参考书”。

我理想中的“参考书”应该很薄，便于携带，适合“微阅读”，以真实故事为主体，能为不同职场情境提供参考。我写这本书时就是朝这个方向努力，所收集的故事都是真实的、与职场有关的，简单好懂，不谈大道理。

曾经有一位年轻人问我：“我能否成为职业经理人?”对这个问题的回答就是本书第 1 章的内容。总结多年经验，我发觉职业经理人的能力包括三个元素：**心态**、**沟通**和**知识**，对这三个元素的阐述也放在第 1 章。接着，我将很多小故事归类到这三个元素之下，形成了本书的第 2 章（心态：职业经理人的内功）、第 3 章（沟通：职业经理人的基本功）和第 4 章（知识：职业经理人的套路）。第 5 章则是管理点滴，里面谈到领导与管理的区别、领导力的元素、管理的三个层面、管理需要因“人”而施、鼓励永远比惩罚好等内容；第 6 章主要谈职场环境，会谈到企业文化、团队精神、官僚机制的形成，以及激励机制与企业惯性等内容。

这本书你可以从头看到尾，也可以随便翻阅，因为它是由很多小故事组成的，每个故事都可以独立成篇，很适合利用碎片时间来做“微阅读”。每个人面对的问题不同，关注的重点也不一样，但你总能在某些故事中找到自己需要的东西。

如果我的这些分享能够对你的职业生涯甚至人生有所帮助，那将是我最开心的事。

前言

找回迷路的正能量

我多年前在国外工作的时候，认识一个叫鲍勃的小伙子。他有个习惯，每天早上都要来找我聊天，但每次他来过之后，我的心情就不太好，可我一直不知道是什么原因。

后来，我无意中看见一本有关 positive energy（正能量）的书。书里说，我们每个人身上都有正、负两种能量，如今大多数人多数时候都在释放负能量，比如抱怨政府不好、经济压力大等等，反正都是坏消息，结果越说越无奈，越说心情越不好。负能量会将身体的正能量全部耗尽，并且传播给周围的人，就像病毒的传播一样。

于是，我明白了为什么与鲍勃谈话之后我的心情会不好，因为他是一个充满负能量的人，谈论的都是负面的话题，他与我聊天时，无意中将他身上的负能量传给了我。有一天我实在受不了了，就指着房间里的垃圾桶对他说："如果你要倒垃圾，请倒在垃圾桶里，不要倒在我身上。"

从那时候起，我就开始关注正能量，并且注意到很多成功人士都具备很强的正能量，他们不仅取得了事业上的成就，而且活得很开心。于是我很快就有了一个决定，就是以修炼正能量为毕生目标，而且将正能量传播给更多的人。

要让自己充满正能量，首先要找出一些正面的行为，这些行为可能因人而异，只有自己最清楚，就是当你做这个行为的时候，你的心情最好，做事的效率最高。以我自己为例，我运动的时候心情就会很好，只要一运动，心情马上好起来。音乐对我也有同样的效果。1995 年是我职业生涯最困难的一段时间，但我幸运地遇上了 UFO 乐队，那个时候几乎每天晚上都和他们一起弹吉他、唱歌，逐渐将负能量转化为正能量，最终渡过了这个难关。

既然能量是会互相传染的，那就要和充满正能量的人交朋友。有些朋友会像鲍勃一样，整天将你视为垃圾桶，向你传递负能量，如果你没有能力改变他，那就要果断地远离他。

相反，有的朋友能够帮助你发掘正能量。举个例子，我年轻的时候不太爱笑，脸上的表情总是很严肃，但我的女朋友（现在的太太）是一个爱笑的人，动不动就笑，只要她一笑，我也跟着笑起来。她后来告诉我其实我讲话很好笑，我才知道原来我很有幽默感，但以前从来没发觉。又或许是因为和爱笑的人在一起，慢慢将幽默感也发掘出来了。

要提升正能量，还要注意自己说话的用词。心理学上有一个说法叫自我暗示，我们说话的时候其实就是在不断地给自己暗示，有些词语会给你负面的暗示，那你就要找一个意义相似，但能给你正面暗示的词来代替。比如“问题”这个词就有负面暗示，我就用“挑战”来代替；“不足”就用“有改善的空间”来代替。如果实在避免不了负面的词，那一定要用正面的词来结束一个话题。当然，发掘正能量还有很多种方式，我会在书中详细阐述。

我们每天都会接触到各种负能量，当你状态不佳时就很容易让负能量入侵，这就是你需要修炼的时候，要尽量缩短将负能量转化为正能量的时间。如果你是经理，是CEO，你就是船长，当船碰到风浪，所有船员都看着你，需要你来指挥。作为船长，你要坚信你能带大家平安脱险，因为肩负着这个责任，你已经没有“自我可怜”的权利，必须将负能量转化成为正能量，勇往直前。

事实上，每个人的身体中都潜藏着巨大的正能量，只不过我们没有重视它，反而让负能量占了上风。负能量是迷路的正能量，我们每个人都有能力疏导自己的负能量，找回自己的正能量。发掘自己的正能量，你准备好了吗?

目录

▲第 1 章▲

我能成为职业经理人吗

➽ professional 是一种态度 ➽

职业经理人这个词来自英文中的 professional manager 一词，我认为最重要的是 professional，而不是 manager。professional 对我来说是一种做事的态度，一种做事的原则，一种可以信赖的做人方式。换句话说，不要等成为 manager 才 professional，而是做什么事情都要 professional，有了这种心态，才有机会成为 manager。

我在国外第一次听到 professional 这个词，是有一次房东的洗手间水管出了问题，他请了一个专业工人来维修。这个工人修得特别好，而且离开前将洗手间收拾得干干净净，就像没出过问题一样。两天之后他还打电话来询问情况怎么样，有没有再出现漏水。

这件事我是听房东叙述的，给我留下了很深的印象。在国外，人们常常会用“He is a real professional”这句话来描述一个人做事很专业，这个人可能从事任何一种工作，可能是木匠，也可能是工人、工程师，或者其他职业。

Positive Energy

职业经理人不是一个岗位，不是一种专业认证，而是一种态度。关键要看你对工作的态度、对职业的操守，以及你是否尊敬这个职业。

我有一位司机也很 professional，如果要去的地方他不太熟悉，他就会提前一天踩点，把路线搞得清清楚楚，确保我永远不迟到，因为他知道我的习惯，我是最讨厌迟到的。

有一次在网上，有位年轻人问我：“林老师，我什么时候才能成为职业经理人?”我说：“职业经理人是一种专业精神，是一种做事的方法，是你的一个选择、一个决定，只要你决定要朝职业经理人的方向发展，那你就是一名职业经理人，当然，要成为一名称职的职业经理人是需要时间来修炼的。”

职业经理人的基本素养

在许多发达国家，真正意义上的“老板”已经很少了，许多世界 500 强的 CEO 都可以说是伟大的企业家，他们给企业确定一个宏伟的愿景，创造一个可持续发展的运行环境，从严格的定义来说，这些企业家都是职业经理人。

职业经理人的责任是帮助企业完成它的使命，所以一个称职的职业经理人一定要了解企业的使命，知道自己需要做什么来帮助企业完成这个使命，将自己的团队带好，帮助自己的老板成功。如果做到了这些，你离成功就不会很远。

> **Positive Energy**
>
> 对老板忠诚，把自己的团队带好，帮助你的老板成功。如果你能做到这些，你离成功就不会很远。

职业经理人有一些基本的职业道德，其中一项就是“可靠”，什么事情交到你手上，老板就可以不用担心，如果你自己解决不了，你也会动用其他资源来解决问题。我特别欣赏会“follow up”的人，就是老板将事情交代出去后，不用担心对方会不会跟进下去。我认为合格的跟进能力是职业经理人必备的基本素质。

职业经理人另一个重要的工作态度就是，不要等老板来给你分派任务，应该自己主动去了解你可以做什么来帮助公司达到目标。没有人比你更清楚你应该做什么才能发挥好你的所长，主动能让你有机会做你喜欢的事，如果你事事主动，你永远有机会增值而不是变成公司的负担。

像经济大环境一样，企业也会经历不同的阶段，有顺利的时候也有困难的时候。一个称职的职业经理人在企业发展顺利的时候要尽量发挥能力，更重要的是，在企业陷入困境的时候也能够保持积极的心态与企业共渡难关。我认为“对企业忠诚”是职业经理人一个基本守则，一天你在企业工作，你就要尽你的努力来帮助企业成功，这是做人做事的基本原则，如果做不到那你就得离开。

能力 =心态 ×沟通 ×知识

一位快毕业的大学生问我："我希望成为一名职业经理人，除了书本的知识外，我还需要学习其他什么技能呢?"

做了三十多年跨国企业的职业经理人，我发觉职业经理人的能力是由"心态""沟通"与"知识"组成的一种混合力量，三个元素之间是相乘的关系，如果其中一个是零，那总数就是零。我就曾经见过不少学历很高、经历也不错的人，但沟通能力很差，心态也不健康，结果职业生涯没有很大的发展空间。相反，有些人学历不高，但凭着积极的心态和良好的沟通能力，职业生涯发展得很顺利，远远超过学历可以达到的水平。

心态第一。有的人学历很高，甚至经历也不错，但是来到公司之后心态没有摆正，整天觉得新公司不如旧公司，整天都在找新公司的缺点，不断提旧公司的好处，最后连他老板都受不了，就请他回去。在这种情况下，传说中他在旧公司的能力在新公司就完全没有机会发挥出来，原因就是他自己的心态不正。

沟通第二。有的人具备很不错的心态，知识面也非常广，但沟通就不是他的强项，结果是他与同事合作的成本特别高，除非是非他不可，否则很多同事都不太愿意与他合作，直接影响到他的工作表现。

第三才是知识。一个人的知识永远没有“够了”这一说，所以一定要有终身学习的态度，“有识之士”其实也是正确心态的结果。有一些稍有成就的职业经理人，觉得自己已经学够了，只爱听奉承的话，动不动就批评别人的不足，觉得任何反对他的话都是废话。这样的人总有一天会体会到“满招损，谦受益”的道理。相反，一些学历不怎么样的人，凭着良好的心态和终身学习的精神，以周围的人为自己的老师，最终成为“有识之士”。

一位高才生的故事

这个故事是从一位名校教授那里听来的。

该间名校多年前出了一位高才生，成绩超好，但沟通能力很弱，走进社会工作之后一直都不顺。因为他是名校高才生，很多人都尽量替他安排好的工作，但他总是干不了多长时间。最后他去了一间工厂，却一待就是十三年。这十三年里，他只做一样工作：早上打开一个装备的阀门，下班再关掉。一干就是十三年，厂长也拿他没辙，因为他无法跟任何人合作。一个知识非常丰富的人，因为沟通能力不行，就这样浪费了自己的聪明头脑，浪费了社会对他的投资，也浪费了自己的生命。

Positive Energy

心态不好或沟通能力不佳，都会导致你无法发挥出应有的本领。能够将懂得的知识发挥出来，才是真正的能力。

多年来学校教育系统灌输给我们的主要都是知识。但是据我观察，一个人有能力与否，知识不是唯一的决定因素，心态和沟通能力往往更重要。

所以我不断鼓励现在的年轻人，一方面要将自己的知识库填满，另一方面不要忘记沟通和心态这两个元素。然而在比较正式的教育系统里面，只有一点点关于沟通的教育，也很少说到心态。所以我常跟年轻人讲，不要光是将注意力放在知识上面，心态和沟通可能是决定你成功的最重要的砝码。

没有正确的心态，你就无法学到东西，没有一定的沟通技巧，就无法把能力发挥出来。能够运用你懂得的知识给公司创造价值，才是真正的能力。

第一部分

Positive Energy

发掘自己的正能量

▲第 2 章▲
心态：职业经理人的内功

我年轻时练就了一身“刺猬功”，动不动满身刺就竖起来。其实对方没有任何敌意，甚至有时还是好意，但由于自己自卑，所以常常做出一些让人莫名其妙的反应。

那时候最难说出口的话就是“我错了，对不起”“这个我不懂，请你解释一下”。无论对方说什么，我的一切行为都是要证明我是对的、我是懂的，导致每次谈话都像一场辩论，目的就是要证明对方是错的。

外表装得充满自信，恰恰是因为没有内涵，这种虚假的自信还会变成自傲，是一种十分让人厌恶的行为。

如果你也是一只刺猬，可以参考一下我的经验。我们常说心态决定一切，那么究竟什么是心态呢？看看古人发明的这个“态”（態）字，心字上面一个能字，可以理解为心的能力。心的能力决定你的行为，你的行为决定你对社会的影响，这个影响决定你的成败。心的能力就是帮你描述现实的能力，每个人眼中的现实不一样，是因为心的能力不一样。有的人看世界灰暗一片，整天躲在角落里抱怨，有的人看世界阳光一片，整天精力充沛地做事。

我认为做人要争取主动，心态是主动的，情绪则是被动的。宇宙如果都在我们心里，外面的天气又怎能影响到我们的心情呢？无论是什么样的天气，灰色的心态都不应该有生存的空间。

心态就是思维习惯

多年前学打高尔夫，觉得特别难，虽然我是个爱运动的人，但高尔夫球的要求和别的球不太一样。有人跟我说："对你来说，打高尔夫球是一种新动作，你的肌肉没有这种动作的记忆，所以特别不习惯。要想让肌肉记住新的动作，就要重复一个动作 49 天，肌肉记住了这个动作，打起球来动作就流畅了。"

我从一本讲中风的书《奇迹》（*My Stroke of Insight*）中学到，"习惯"是大脑的习惯，是神经和肌肉之间的合作，培养习惯就是让脑细胞、神经与肌肉合作。中风病人恢复身体时也是同样的道理，因为中风使身体忘记了以前的“习惯”，所以要重新学习讲话、走路等等，在康复过程中，中风病人需要很多鼓励才能顺利恢复健康。

我相信打球和中风的道理同样可以用在心态上面。我们每一个人都有一套思维习惯，这套习惯一直指挥着我们的生活。比如有人骂我，我会很不舒服，一定要骂回去，这就是一种习惯。养成新的心态（思维习惯）跟学习一种新的运动一样，必须不断练习（打球是练习动作，心态是练习思维）。

> **Positive Energy**
>
> 心态是思维习惯的结果，养成积极的心态就像打球，需要不断练习。一开始可能不习惯，但渐渐地脑海中积极的想法就会越来越多。

心态是思维习惯的结果，要培养健康的心态，就要养成健康的思维习惯。一切从自己的思维习惯开始，如果我们的思维习惯是消极的，凡事从负面的角度去想，行为也会表现得很消极，对一切事物都不感兴趣，觉得一切事情都没有希望；反过来，如果你是一个心态很积极的人，你的行为也一定充满活力，给人带来很阳光的感觉。

你是哪种心态

有一本书叫做《看见成长的自己》（*Mindset：the New Psychology of Success*），作者是卡罗尔·德韦克（Dr. Carol Dweck）。作者做了一个试验，观察人们是怎样面对失败的。她给参加试验的每个小孩一个十分困难的字谜，大部分小孩都愁眉苦脸的，很快就失去了兴趣。但其中少数几个小孩的反应就不一样，他们面对自己的“问题”会说“I love challenge”——我最喜欢挑战！

这个试验显示出两种心态，一种是固定心态（fixed mindset，简称 FM），另外一种是成长心态（growth mindset，简称 GM）。根据德韦克的试验结果，大部分人都是固定心态。固定心态的人相信三岁定八十，人的聪明才智是天生的，生出来聪明你就一定会成功，生出来不太聪明那你就没戏。

我小时候念书成绩很差，周围的人都说我没有用，幸好我没有相信他们。我在学校的时候数学很差，谁知道有一天会做工程师。讲这些不是要给自己脸上贴金，只是想说明：如果我可以，你们也可以，千万不要有那种固定心态，遇到一点点挫败就认命，说以后肯定没出息那样的话。

Positive Energy

固定心态的人遭遇失败以后会尽量避开类似问题，而成长心态的人会把失败看成需要学习的地方和提升能力的机会。

成长心态的人相信聪明才智是可以积累的，通过努力，人的能力是可以不断提升的。著名的高尔夫球星本·霍根（Ben Hogan）小时候就是一个协调性很差的孩子，但是他通过后天的努力成为一代高尔夫球好手，这种例子还有很多。成长心态的典型表现就是，不因为自己有缺点而沮丧，而是关注怎样通过学习来改正缺点。所以面对同样的事情，这两种不同心态的人会有很不一样的反应。

你愿意相信哪一种？

性格不易改变，心态可以培养

我常常说心态很重要，于是有人就问我："你的心态是怎么培养的？"后来回想，心态的确是可以培养的。从心理学角度看，心态就是一种自我暗示，如果你要改变它，就要通过一种行为不断地提醒自己，慢慢地，心态就会随着你的行为改变，然后新的心态就会主导你的行为。

刚开始的时候可能有点儿困难，就好像明明想哭，却硬要站起来唱歌。这么说虽然有点儿夸张，但是每个人都要找到一个方法、一种行为，通过方法和行为来影响自己的心态。

> **Positive Energy**
>
> 心态就像一个顽皮的小孩，一有机会就会从阳光溜到阴暗，我们要时刻留意，尽快将它拉回来。

当身体感冒时，我们可以用心情来调整；当心情感冒时，也可以试试用身体语言来调整。根据一些心理学家的研究，如果身体做出快乐的动作，心情也会受到一定的积极影响，大家不妨试试。心理学家已经证明，心态是我们行为的主宰，而反过来，行为也可以影响心态。

多年前，我的领导风格很“强势”。开会的时候，常常是我的一言堂，宣布完计划之后，就盯着每个人去执行。后来发觉这样不行，会累死自己，团队也没法成长。于是就决定要学着多听取大家的意见，要养成聆听的习惯。

我强逼自己开会的时候不发言，或尽量少发言。刚开始的时候真不容易，总是忍不住想说话，而且就算不说话的时候，我也没有好好地听别人说话，我只是在等机会开口而已。后来慢慢习惯了不发言之后，我才发觉我能“听”到别人说话了，还发现了很多新的想法。有了这个发现后，我更进一步地连讨论都不参与，直接让下一级管理层去决定，有些会我干脆不参加。这样坚持一段时间下来，我发觉我开始看见其他的细节，开始做应该做的事。

改变的过程真不容易，面临的考验包括你的耐性、包容、信任、聆听和授权等。因为我不去开会

（行为的改变），所以不得不信任下属的能力（心态的改变）。要改变心态，一定要找出相关的行为作为改变的目标，然后培养新的行为习惯，当行为养成了习惯，你的心态也就改变过来了。

心态是内功， 修炼要有耐心

我年轻时学过武术，当时不太讲究实战，所以整天练的都是花拳绣腿，满脑子都是招式。后来去学注重实战的空手道，一上场脑子里一片空白，半招也使不出来。

我从学武中领悟了不少管理上的道理，比如，招数是外在行为，功力却是来自内心，是心态。早期看了很多讲管理理念的书，满脑子都是管理招数，但能用上的其实不多，所以合适的管理理念

> **Positive Energy**
>
> 术是方便面，三分钟可以吃完；道是营养炖汤，要有耐心才能品尝。

加上“执行”才是适用的管理之道。学管理要先学好正确的管理行为，慢慢地通过这些行为培养出正确的管理心态，之后管理行为就可以达到“无招胜有招”的境界了。

现在满大街都是讲管理的书，大部分讲的都是术，不是道。术和道的区别就在于，前者是方便面，三分钟就可以吃完，后者却是营养炖汤，要有足够的耐心才能品尝。

同样的道理，心态既然是内功，修炼就需要有耐心。在我们的生活中，每天都有不同的人与事在破坏我们的心态，所以就需要每天维护心态，不能放松，不能失控。

健康的身体要靠健康的生活习惯来维持：吃有营养的食物，睡眠充足，坚持运动。健康的心态也需要有健康的精神生活：看健康的书，交心态好的朋友，不断提醒自己保持健康的心态。心态的改变固然需要很长的时间，需要很多的努力，但一定会令你受益匪浅，有了健康积极的心态，我们就能更好地享受生活。

让自己没时间焦虑

常常有人问我怎么面对焦虑，跟大家分享一下我自己的故事吧。

有一天早上我睡醒后，突然发觉右眼视力变差了很多，看什么都是模糊一片，当时真的很害怕，焦虑情绪一下子就涌上心头。我马上坐下来，思考自己当下需要做什么，自己正处在怎样的状况下，很快我就做出了决定。我当时在上海，而我有一个熟悉的眼科医生在香港，所以我马上取消了所有活动，准备回香港看医生。

Positive Energy

与其花时间焦虑，不如集中精力分析事实。当你认真分析现状并做出决定时，焦虑感自然就会减轻。

做了这个决定之后，我就立刻联系香港的医生，然后订了机票。同时，我还跑到附近商场的眼镜店检查了一下视力，检查人员也说不出来是什么原因，反正我的视力是丢了一大半，因此我更坚定了马上回香港的想法。我发现，当我思考如何解决这个问题，并马上去实施自己的计划时，我把全部心思都放在了行动上，于是就没有时间焦虑了。

卡内基提出过解决焦虑的三个步骤，包括：1. 搜集事实（get the facts）；2. 分析事实（analyze the facts）；3. 下决定然后执行（arrive at a decision and act on that decision）。哥伦比亚大学的赫伯特·霍克斯（Herbert Hawkes）就是用这个方法帮助20万学生解决了焦虑问题。

Positive Energy

对于我们能够控制的事，做好自己该做的，不需要焦虑；对于我们无法控制的事，不妨顺其自然，也没必要焦虑。

霍克斯认为，引起焦虑的最大原因就是不得不在没有足够事实的情况下做出决定，因为没有足够的事实数据，就会想象出很多可能发生的结果，由于无法预知确切的结果，所以产生了焦虑。但当你集中注意力去搜集事实时，你就不会有时间去焦虑，而当你有了足够的事实数据之后，结果自然就清晰了，焦虑的问题可能已经不存在了。

生气时不要做任何决定

我从一本书里面看到一个小故事，是关于成吉思汗的。成吉思汗有一只心爱的猎鹰，多年来一直跟着他打猎。有一次打猎途中成吉思汗感到十分口渴，看到前面有一条小小的溪流，就走过去，拿起一个碗将水盛起来准备要喝。然而这时候，猎鹰飞过来将碗打翻了。成吉思汗不明白是怎么回事，再一次拿起碗来盛水，没想到猎鹰又飞过来将碗打翻。成吉思汗有点儿生气了，对猎鹰说："你再来一次，我就杀掉你。"说完又将水盛满了准备喝，可是猎鹰又过来将水打翻。这次成吉思汗真的很生气，就将跟随多年的猎鹰杀了。

Positive Energy

发脾气是一个人对自己的心态失控的表现，在这种情况下做出的决定必定是不理智的，所以火气上来的时候最好是按兵不动。

然后，他继续前行，来到了溪

水的源头。他注意到水里有一条死蛇，再细看一下，是一条毒蛇。这下他明白了，原来猎鹰是在保护他，因为这条死了的毒蛇的毒液，都淌进了溪水里。猎鹰看见了毒蛇，所以每一次成吉思汗要喝水的时候，就将水打翻。到了这个时候成吉思汗才知道错怪了猎鹰，但是已经太迟了。

这个故事说明什么道理？重要的决定，千万不要在生气的时候做。跟随成吉思汗多年的猎鹰，一直对他很忠心，为什么会无缘无故地做不合逻辑的事呢？在他决定杀死猎鹰之前，应该很冷静地分析一下，多了解一些情况，如果他能够稍微冷静下来，我相信他可能就不会做出这个错误决定了。

发脾气是一个人对自己的心态失控的表现，是很丢脸的事，既然我们那么爱面子，就应该多控制一下。下次生气的时候，出去走两圈再回来。我以前生气的时候就喜欢写电子邮件，将恶气都写进去，但不发出去，过几天再回过头来看这些邮件，就会很冷静地看待事情了，这时就可以把邮件删掉了。大家也可以试试这个方法。

找借口是掩盖思维惰性

我一个人逛街，特别是逛商场的时候，常常迷路。我就一直告诉自己，我是没有方向感的人。我跟我太太在一起的时候，我太太也这样说。她在的时候，我的确是没有方向感的。

有一次我突然想起，我在国外念书时以及后来出来工作的时候，方向感好像没有什么问题。我能很顺利地开车到达目的地，不能说方向感特别好，但至少不会迷路。那么到底区别在哪里呢？

Positive Energy

我相信我们每个人都知道自己应该做什么，但只有小部分人能够冲出情绪的牢笼，执行理性的决定。

后来我想明白了，以前因为自己要开车，所以去什么地方，都会先做一些准备，比如看地图。而且，只要迷路一次，就会加深印象，下次就不会再迷路了。所以现在回想一下，因为很长时间没有开车了，没有记路这个习惯了，如果跟太太一起出去逛街，也完全不去记路了，就慢慢养成了一种不记路、不辨认方向的思维习惯。

这个习惯养成之后，当我发觉自己迷路时，我不会认为是因为不看地图、不记路而迷路，而是会找一个借口，就说是因为自己没有方向感，所以就不去想真实的原因了。这其实就是一种思维惰性，很快找一个借口就让事情过去了，心想：反正我也没打算去改善，没有方向感就没有方向感，没什么大不了。

如果你也有类似的情况，可能就要自问一下，究竟自己是否希望改善。如果根本不希望改善的话，你一定很容易就找到借口，事情就这样算了。但是如果这件事情是你希望去改善的，我可以很有信心地说，你一定可以找到解决的方法。之前没能做到只是因为你没有决心，没有希望改变这个事情的想法，所以你就随便找一个借口，基本上都是骗自己。其实找借口不去做某事不是坏事，关键是你选择对什么样的事情说“不”。

▸▸ 经历不分好坏 ▸▸

有一天我跟一个朋友聊天，谈到一些不好的经历。我当时就在琢磨：什么经历是不好的？可能在经历一件事的时候，我曾觉得这个过程不好，但是现在回想起来，每一个经历都只是一个经历，没有好坏之分。就像一个人，今天的你就是你过去所有经历积累起来的一个结果，所以经历没有好坏之分，经历就是经历。

我还认为，经历越多越好。我上大学的时候，家里经济条件不怎么样，所以我就一边上学一边打工，不仅暑假要打工，平常上学也要打工，挺累的。我做的工作也不是什么技术活，就是厨房里最基本的扫地、倒垃圾之类的粗活。当时我没觉得有什么不好的，反而觉得这是一种特殊的经历。

不管做什么，你体验过的事情都只是一个经历而已。所以对我来讲，经历没有好坏之分。不要觉得这个工作我嫌弃，那个工作我不愿意做。每一份工作，都是一次经历的机会，都要尽量抓住。

▶▶ 失败，也是一个选择 ▶▶

“失败不是一个选择”这句话流行了很长一段时间，很多喜欢使用高压手段的管理者都很喜欢这句话，我曾经也喜欢过，这句话到现在还是受到很多人的喜爱。

美国热播电视节目《流言终结者》（*MythBusters*）主持人亚当·萨维奇（Adam Savage）常常将一句话挂在嘴边，就是“失败常常都是一个选择”，与我们常说的“失败不是一个选择”是完全相反的。亚当不只说失败是一个选择，甚至会说失败是一件好事。比如，如果你的竞争对手不相信失败是一个选择，固执地将宝贵的资源投入到一个没有成功机会的项目里面，那就是给你提供了更好的机会。

事实上我们是不可能永远不失败的，除非你什么都不去尝试，只要尝试去做点事情，失败的确常常是一个选择。关键是要懂得何时应该放弃，何时应该坚持，这就要凭个人的把握了。从现在的社会环境去理解，我们可以说，一切的失败都是成功，因为至少你行动了，你尝试了，你尽力了。在这个过程里面，你会获得很多体验，这些都是你未来成功的基础，每次失败的经验总结都会提高你下一次成功的概率。所以从这个角度来看，失败的确是件好事。

Positive Energy

一切的失败都是成功，因为每次失败的经验总结都会提高你下一次成功的概率。

美国人常说“Give yourself a break”，我翻译成“放自己一马”，这是我做人的态度。做人就是要把握平衡，什么事情都有两个极端，要有一个快乐的人生，就需要在每件事物上都把握平衡。

我们整天都在鞭策自己，家人也会施加压力，社会也在要求我们不断进步。然而弓拉得太紧也是会断的，所以适当的时候还是要放自己一马。那到底什么时候才应该放自己一马呢？这个就因人而异了，这个问题的把握只能靠自己，这个时候就要听从自己的内心了。

年轻人要有耐性，特别是对自己，要给自己时间成长。很多时候家人以及其他人都会给我们压力，对此我们应有充分的心理准备和足够的理解，年轻人一定要有成长的时间和空间，成功是急不来的。

▶▶ 你在挫折的哪个阶段 ▶▶

记得曾经看过一篇关于挫折的文章，我自己很认同其中的说法。

文章里说，面对挫折的时候，我们的情绪会经过四个阶段。第一个阶段就是“逃避现实”，比如有些人会抱怨：“这件事情怎么可以发生在我身上呢！”有些人甚至会永远陷在这种情绪当中，始终不愿意接受现实。第二个阶段是“情绪低落”，就是受害人心态，整天怨天尤人，觉得全天下的人都对不起自己。到了第三个阶段“总结教训”，就开始有一些正面的心态了，会主动分析问题，总结经验，但如果不能将总结付诸行动，那这次挫折就算是白体验了。第四个阶段是“再度向前”，就是将上一个阶段的经验总结付诸行动。

有些人整天逃避困难，什么都不敢做；有些人始终情绪低落，对什么事情都没有兴趣；还有些人是一朝被蛇咬，十年怕井绳；而有些人却会利用挫折这个学习机会，锻炼心态，提升能力。

Positive Energy

跌倒了爬起来是人类与生俱来的本能，然而我们常常放大了痛苦，低估了自己的能力。

大多数人面对挫折都只停留在第二个阶段，只有少数人才能走完四个阶段。人生总是充满挫折，这是我们控制不了的，也是成长必经的一部分。当挫折来临时，我们唯一能控制的就是自己的心态，将这四个阶段尽快走完，重新站起来，继续往前，就像小孩学习走路一样，跌倒了就爬起来，这是人类与生俱来的本能，永远不应该忘记。

▶▶ 如何走出迷茫阴霾 ▶▶

一次在讲课的时候，有位同学问："为什么我总是感到很迷茫？"

我当时是这样回答的："迷茫是因为对自己手上的工作不满意，认为不理想，但理想在哪里，自己又说不清楚，结果就不用心去做手头的工作，整天追求一些不切实际的目标。我建议你将手上的事情看成是最理想的，用心做好，时间到了，更理想的机会就出现了。"

Positive Energy

最理想的工作就是你手头的工作，每天都追求做到更好，新的机会一定会出现。

后来在与"迷茫一族"谈这个问题的时候，我发觉迷茫有两种类型。一种是"闭眼"迷茫，就是关起门来活在自己的世界里面，什么都看不见；第二种是"开眼"迷茫，觉得周围好像都是机会，什么都想做，结果搞晕了自己，什么都做不好，越来越迷茫。前者要睁开眼睛，走出去；后者要学会舍得，学会专注。有多种选择本来是好事，但如果不懂“要舍才会得”的道理，结果可能就是整天徘徊在选择之间，无所适从，陷入迷茫状态。

企业的发展也是一样，很多时候会看不清楚前方，但企业又不能停止前进，只能在迷茫中寻找方向。对迷茫没有恐惧感，能耐心等候机会，能在迷茫中继续摸索前进，这些都是优秀职业经理人的必备素质。

Positive Energy

迷茫的两种类型：1.“闭眼”迷茫：活在自己的世界里，不了解外面的世界；2.“开眼”迷茫：什么都想做，却什么都做不好。

如果你正处于迷茫之中，没有关系，先接受它，然后走出去，迷茫总会过去的，但下一次也还会再来，这就是人生。

▶▶ 帮忙也要有方法 ▶▶

“谁要你多管闲事!” “不要猫哭老鼠，假好心!”——这些话都在表达对“假好心”的反感。事实上真的有那么多“假好心”吗？我相信不是的，我相信大部分都是真好心，但因为表达的方式不太恰当，结果产生了相反的效果。

乐于助人是好事，但我认为帮助别人有几条重要的原则一定要记住，否则就会产生负面的效果。

Positive Energy

帮忙的四条原则：
1. 确保自己有能力帮助别人；2. 不要代替对方做事；3. 不能伤害对方的自尊；4. 不要期望对方感谢你。

1. 帮助别人之前先问问自己是否有能力帮助别人，这可能是最重要的一点。有些人一时冲动，帮了别人之后，自己也变成需要帮助的人，结果反而变得很被动。

2. 不要帮对方做具体的事，只需提出你的意见，最后一定要他自己亲自去做，不然下次他还是会来找你替他做。

3. 一个人要接受别人的帮忙，多少会产生一些自卑感。所以帮助别人时要特别注意，否则容易让对方觉得你看不起他，彼此间的隔阂就产生了。

4. 千万不要期望对方有感谢的行动，没有很正常，有才是意外。

求同存异是一种合力

一位广东省的官员参加了我们在美国的一个培训项目，他说这次培训让他对美国人产生了一个新的看法，他用两句话描述了他的感受——

美国人很可爱；
美国人很可怕。

我问他为什么会有这种感受，他给我说了以下的场景：

四位老师同台讲同一个题目，每个人的意见都不同，但意见不同并没有影响他

> 们谈论自己的观点。他们没有因为有不同意见而影响合作，这就是他们的可爱之处，也是“可怕”之处（居然可以做到这样）。

在职场中，同事之间往往因为对事情有不同意见而发生争论，而争论又很容易变成私人恩怨，于是就产生了大量的内耗。我们的国家正处于高速发展的时期，需要大量优质人才，这种内耗是不可以接受的浪费。我们每个人都需要抱着求同存异的心态跟其他人合作，才能将我们的生产力发挥到最大化。美谚有云：“We agree to disagree”，类似我们所说的求同存异，就是一种很有力的合作心态，这种心态会使我们的生产力大大地提高。

▶▶ 摆正自己的位置 ▶▶

我曾参加过很多次经济论坛，大多数时候我只是参与讨论的嘉宾之一，所以感觉很轻松。有一次我被邀请做主持人，我发觉我必须重新调整自己的心态。作为主持人，我自己的看法已经不是很重要了，关键是要让嘉宾发表他们的意见，让讨论热烈起来。

我也见过一些很不称职的主持人，只顾表达自己的意见，参加讨论的嘉宾却没有太多机会发言，这种论坛会让观众和嘉宾都很难受。

一个人需要知道自己在什么位置（场合）应该扮演什么角色。不同的岗位有不同的工作要求，但更重要的是要有不同的心态。

Positive Energy

岗位意味着职责，更意味着心态。要知道自己在不同的岗位上需要怎样的心态，心态的匹配与能力的胜任同样重要。

在企业里，许多员工调动岗位的时候，通常只是注意自己的能力是否能胜任，很少注意到心态上也需要改变。结果就出现许多与岗位不配套的行为，甚至出现龙门踢前锋的局面，给企业增加了许多的内耗。此外，心态如果不摆正，就会影响你对事情的判断，导致行动上的偏差，最后没办法解决问题。这样一来你反而会怀疑自己的做事能力。

你的心态与你的工作岗位匹配吗？

▶▶ 心态决定职场环境 ▶▶

我做过很多不同的岗位，但无论是什么岗位，我第一件事就是搞清楚公司对我的要求，然后将这个要求转化成我自己的工作理想。这就解决了“我为什么要做”这个问题，因为是我自己的理想，所以就很有动力，很快就进入“怎样去做”的思考阶段，然后就去“执行”。

很多年轻人常常抱怨职场环境不好，其实我认为职场环境在很大程度上取决于我们的心态。这个世界上没有特别理想的企业，也没有特别理想的领导行为，员工的行为也不见得很理想，关键是你要有一个健康的心态去面对一个不太理想的环境，这个就是成功的秘诀。如果环境都那么理想，也就不需要什么健康心态，不需要发掘正能量了。

在同一个环境里，有人疑神疑鬼，整天在惶恐中过日子，也有人乐天知命，每天都笑嘻嘻地做事，这就是心态造成的差别。你可能改变不了物理的环境，但心理的环境绝对是你可以操控的。

作为员工，不要对公司或者老板抱有太多期望，特别是那些不太现实的期望，否则你会整天专注于公司怎样对你、老板怎样对你，而忘了你应该为公司做些什么有价值的事情。专注于做好自己能做的事情，是唯一的选择。

做别人不愿意做的事，不一定是坏事

有一位网友告诉我，说他认识一个人，在公司里基本上什么都愿意做，别人叫他做什么他都不抱怨，都很乐意去接受。后来这个人越来越成功，去过两家上市公司，赚了不少钱。于是这位网友问我，他的成功是不是因为心态，我说绝对是因为心态。

说这个故事的时候，我又想起另外一个故事，是在《读者文摘》里面看到的。一位退休的跨国公司总经理说自己是一个没有文化的人，是一个跑堂小弟出身，能坐到总经理的位置是因为他有一个“垃圾桶哲理”。就是说，所有别人不愿意做的事，他都愿意接过来做，而且做得很开心。他的心态就是，将自己当做各种事情的“垃圾桶”。就是因为这种态度，他长期处理大大小小的“垃圾”事情，在这个过程中他的心态与能力不断提高，同时也带给别人很多快乐，这种做事方法让他多了很多学习机会，多了很多历练机会。

Positive Energy

> 做事不能怕吃亏，能够把别人不愿意做的事做好，你的心态和能力自然会更进一步。

老实讲，每个人都只能活一次，能取得多大的成就关键就是看你是不是有更多的机会历练自己，你历练的时间是不是比别人多。如果你的态度很端正，每一份工作都会给你带来很多意外的惊喜。有时候，做一些别人不愿意做的事情，并不一定是坏事。所以在工作上不要嫌这个、嫌那个的，做事不要怕吃亏，运用这种做事的方法，最后赢的是自己。

练好你的“金钟罩”，不要期望好老板

有一次我要换岗位，在原来的岗位上，我已经做了三年多，和团队相处得很好。我做事比较直接，我的同事不用担心我会在背后说他们什么坏话。如果我对谁不满意，我一定直截了当地跟他说，这一点大家都很了解。

所以我走的时候，大家都很舍不得。有一个同事对我说：“你走了之后我们怎么办？”他的意思是，他希望永远都有一个所谓的好老板可以一直跟随。我就告诉他，整天期望有一个好老板是不现实的。因为老板不是你选的，是别人选的。所以你要做的事情是，学会怎样与不同性格、不同做事方式的老板合作。

Positive Energy

如果你因为老板不好就放弃做一个好员工，到最后损失的还是你。在遇到更好的机会之前，不要因为别人牺牲自己学习的机会。

我跟他说："我害了你。"为什么呢？因为跟我在一起的时候，他不用防范什么，我把这种防范叫"金钟罩"，跟着我的时候他就不用练他的金钟罩，也不用保护自己。但是我不知道他的新老板是什么样的性格，所以我提醒他们要上点儿心，因为每个人的做事风格不一样，不要还没开始做事就已经得罪人，这可不好办。

当年我也遇到过一些不太理想的老板，我可以选择整天抱怨，厌倦工作，也可以尽量专注，将工作做好，利用这个机会来磨炼自己在逆境里生存的能力。我选择了后者，因为前者是纵容负面心态，后者则是锻炼积极心态。

▶▶把"需要"的事变成"喜欢"的事▶▶

我们一生中会做两种事，一种是自己"喜欢"做的事，一种是自己"需要"做的事。需要做的事是你为了维持正常的生活必须做的，比如工作、学习、做家务、运动……做你喜欢做的事会令你开心，最理想的情况当然是，你需要做的事也是你喜欢做的事，如果是这样，那就恭喜你了。

但很多人都没有那么幸运，通常你喜欢做的事却不是需要做的事。在分配时间的时候，很多人都会先做喜欢做的事，需要做的事却会排到最后，到了非做不可的时候才做。所以最后该做的事情都没做好，更加没机会做自己喜欢的事了。

Positive Energy

选择做自己喜欢的事情是需要本钱的，当你不知道自己喜欢什么的时候，就珍惜当下，这比整天追求一些不切实际的梦想现实多了。

我小时候喜欢看武侠小说，不喜欢念书，所以平时都在看武侠小说，快考试的时候才逼着自己去看课本，哪能有好成绩。

做喜欢的事一定会充满激情，用心去做，但对需要做的事就可能会敷衍了事。有些年轻人白天还在上班就等着下班去玩，一玩就不睡觉，结果第二天没有精神做事，又无精打采地等下班，这种生活状态的结果显而易见。

解决方法其实很简单，只要把你需要做的事变成你喜欢做的事，到最后就只剩下自己喜欢做的事了。我发现，如果一件事情你能做得很好，你就会喜欢做，有点像良性循环，感觉越好你就越想做。但如果一件事你总是做不好，你一定不会喜欢做。所以关键就是努力将你需要做的事做好，慢慢地你就会爱上需要做的事。

用喜欢的心态去做你需要做的事情，坚持一段时间，你一定能做好这件事，最后它就会变成你喜欢做的事。

▶▶ 做重要的事，而不是紧急的事 ▶▶

很多年前我还是中层管理者，那个时候我每天忙得一塌糊涂，甚至有一段时间累得对什么事情都没有兴趣，这是很危险的。在国外很多人都这样，忙得一塌糊涂的时候，突然间会从心理和生理上对一切事情都觉得无所谓，甚至可能从此离开职场，这是很可怕的事情。

因为知道有这种危险，所以当时我及时叫停了，停下来重新组织一下思路。当然，最后我还是恢复了正常状态。

我做了什么呢？我看了一本书，这本书帮了我很大的忙，内容我都记不住了，就记住其中有这样一句话：紧急的事情不一定是最重要的，一定要做重要的事情，而非紧急的事情。

就是这句话，让我做事情的方法完全改变了。我分析了自己过去的很多事情，发现很多事情都很重要，但是为什么当时没有做，往往没有答案。

Positive Energy

如果你总是不做那些重要而不紧急的事，一段时间后它就会变成很紧急的事。这种情况下你的效率一定很低，还容易乱套。

所以，后来我做事的时候常常问自己，这件事情到底是否重要。当然，要判断一件事情是否重要，很关键的一点，就是你一定要知道你要做什么，你的方向是什么。有了方向之后，一件事情是否重要就很容易能够判断出来了。

▶ 忙不出错急出错 ▶

某天在地铁里下扶梯的时候，有位男士站在我后面，他的肢体语言告诉我他很焦急，我就让他先走，果然他急急忙忙地走过去了。当我慢慢走到站台的时候，却看到这位男士还在等车。

很多人都在做这种 hurry up and wait（急急忙忙去等）的事，好像急急忙忙是一种习惯。举个例子，有很多朋友都喜欢赶飞机，就是不等到最后一分钟就不愿意去机场。大多数人都有这种习惯，所以我不太愿意和别人一起坐飞机，因为我喜欢提前到机场，在休息室做一些平时没有时间处理的事情，还可以上微博。早到机场还有机会处理一些突发事情，有两次我的证件出了点问题，但因为早到的关系最后并没有影响到登机。

所以忙不一定要急，忙不会出错，急就会出错。

急事不一定是重要的事，有节奏地做重要的事才是健康生活的根本。

个人 > 家庭 > 公司

几年前，一位老同事的父亲病重了，他担心父亲在世的时间不多了，希望在老家陪父亲走完人生最后一段路。但他当时正在负责一个很大的项目，而且已经到了紧要关头，所以他打电话向我请示。我当时就对他说："父亲都没照顾好，谈什么生意，你去陪父亲吧。"

Positive Energy

身体是1，
财富是0，
成就是0，
权力是0……
你追求的一切都是0。
身体好，就是1000……
身体不好就是0000。

有一次与同事聊天，我问大家："个人、家庭和公司，最重要的是什么？"可能是因为我在场的原因吧，很多人都说公司最重要，也有些人说家庭最重要，但几乎没有人说个人最重要（可能有点不好意思）。后来我说，个人最重要，其次是家庭，最后才是公司，如果连自己都没有照顾好，哪有能力照顾家庭，哪有心情与精力去为公司服务？

举个例子，我们坐飞机的时候，安全手册就指出，如果遇上紧急情况，座位上方的氧气面罩会自动脱落下来，这时如果你有小孩在旁边，应该先给自己戴上，再给小孩戴上。

先照顾好自己不是自私。从家庭的角度来说，如果你不能照顾好自己，你就会变为家庭的负担，从社会的角度也是一样，所以最基本的公民责任就是不要给社会带来负担。

▶▶ 销售是最佳入门职业 ▶▶

跟同学聊天时，无意中发现一个很普遍的现象。这位同学在大学里与几个同学一起创业，卖一些大家需要的小东西，但他很怕被老师和同学看见！这种心态很普遍，直到今天还有很多人认为销售不是一个很光彩的职业，也不是一个专业。

专业销售这个职业在中国的历史很短，所以积累的经验也不多。基于市场的高速增长，销售人员的需求量也很高。然而企业通常在销售培训方面相对弱一些，销售管理能力也比较弱，所以很多销售人员的职业素质都不是很合格，结果是员工做得很辛苦，客户也觉得受罪，大众对销售这个职业的误区也在不断地加深。

在国外，销售这个职业有相当长的历史，相对成熟很多，很多成功的 CEO 都是销售出身，典型的一个例子就是思科的钱伯斯。销售其实是一个很锻炼人的职业，对心态和沟通能力的要求都很高，因此我认为销售是最佳的入门职业，是做管理层的一个很好的入门。

Positive Energy

销售是一种心态，一种精神，这种精神走到任何一个岗位都可以很好地发挥，所以销售是很好的入门职业。

销售是一种心态，一种精神，并不只是一个工作，把销售做好了，到其他岗位也可以发挥得很好，甚至没有年龄与性别的局限。其实行行出状元，只要用心去做，什么职业都可以做得出色，职业没有贵贱之分，最终能否成为这个职业的人才才是关键。

▶▶ 想成功，先帮助你的客户成功 ▶▶

一天下午无意间听到几个年轻人一边吃饭一边大骂自己的客户，他们可能都忘记谁是自己的上帝了。有许多销售人员都有这种心态，我相信这种心态很难令他们成为成功的销售人员。

我认识一个很厉害的销售，第一次见到他的时候我很惊讶，因为他与我想象中的销售完全不一样，外表不出众，讲话也不流利。后来我发现了他成功的秘密——他是真心帮助客户成功，他做的一切都是从客户的角度来考虑，客户有需求，第一时间就找他，这样的人怎么可能不成功。

我也做过销售，我的出发点就是替客户解决问题，我从来没有把签单当做第一目的，也从来不会让指标的压力扭曲我的行为。如果我帮不到客户，我宁愿自己完不成指标，也不会胡乱签单，我觉得这样才是长远的做法，如果要扭曲自己做事的风格去拿下单子的话，我不开心，客户也不会开心。对我来讲，维护与客户的关系比完成指标更重要，因为指标是一时的，关系却是长远的。

有很多人讲，按照常理我不会是一个很好的销售，因为我太不功利了，争取心不够强。但我认为，我应该将客户与伙伴的成功放在首位，他们没有成功之前，轮不到自己，所以目标要放在对方身上，而不是放在自己身上。

Positive Energy

当你把客户的成功当成自己的成功，真心帮助你的客户成功，那就一定能赢得客户的心。赢得客户的心，就是你个人成功的起点。

我女儿进入职场之前也曾问过我什么是销售，我的答案就是，专心利用公司的资源来解决客户的问题。你要对你自己公司的产品有很好的了解，更重要的是对客户的需求有很深入的了解。当然实施起来会有很多运作上的问题，在这里不可能一一讲清楚，但如果你能坚持把客户利益放在首位，真心帮助客户成功，你一定能赢得你应得的东西。

▶▶“达不到”的指标是最大的动力▶▶

销售有业绩指标，薪水会跟这个指标挂钩，很多人都认为销售指标是一种压力，甚至因为害怕这种压力，所以不敢去做销售。

1985年，我阴差阳错做起了销售，一做就是二十几年，我没感觉到销售指标对我有什么压力，我是这样做的：

第一，我会假设这个指标是合理的。一定要这样来假设，否则一切就都不成立了，因为如果要去做一件自己觉得不合理的事情，那么神仙也救不了你。

第二，在接到指标之后，我会全心全意地想应该怎么去做。我一直相信，只要市场存在，没有发生一些导致市场份额下降甚至消失之类的大事情，那么，只要做正确的事，正确地做事，指标一定是可以达到的。所以我从来就没有觉得指标是多大的压力，反而是一种动力，它给我一个目标，我就争取达到。

这种心态是对是错，我不想去评论，因为每个人都有自己做事的方式。但是回想这么多年，我基本上没有太多完不成指标的时候，所以我认为用这种心态来看待销售指标会比较正面，也会少给自己增加一些无形的压力。

Positive Energy

世界上没有绝对做不到的事，只不过还没找到正确的方法。与其抱怨指标太高，不如想想如何去达到，这种心态会让你收获更多。

▶▶ 任何一个岗位都要做销售 ▶▶

一家企业的存在是为了满足一些客户的需求。首先，销售部门找到目标客户，经过销售人员的介绍，客户决定购买企业的产品或者服务。如果客户对产品和服务表示满意，销售人员就可以继续介绍其他产品与服务给客户，销售流程又重新开始。

在理想状态下，这个流程会无止境地延续下去，但现实情况是，这个流程很少能够长期延续下去，问题出在哪里呢？可能出在任何一个环节。

每个部门、每个岗位都直接或间接地影响着客户的体验，只要有一个环节没做好，整个客户体验循环可能就被破坏了，这种例子每天都在我们身边出现。

Positive Energy

创造超凡的客户体验是企业成功的途径，但这件事不能光靠销售部门去做。企业运营中的每个环节都会影响客户的体验，所以任何岗位的员工都需要培养销售意识。

要避免这种情况，首先就要认清楚一点，销售意识并不是销售部门所独有的，每一个部门都需要有很强的销售意识，我就曾经要求我们的后勤部门全部接受销售培训。企业有必要将销售意识推广到每个部门、每个岗位，因为每个部门、每个岗位都是改善客户整体体验的一部分。

后勤应该跑到最前线

有一次，一家很大的企业请我去跟他们的后勤员工聊聊天。他们后勤部门的员工都蛮年轻的，还有来自法务部、采购部和财务部的年轻人，都是想做点事情的人。

我给了他们这样一个建议：后勤不应该在后面，应该跑到最前线。这个说法我在很多年前就说过了，20 世纪 90 年代中期，我刚当上公司总经理，就将当时所谓的后勤部门找到一起。我跟他们说，你们千万不要站在后面，你们要站在销售的前面，帮助我们做生意。每一个部门都要帮助我们卖产品给客户，只是方法不一样，但是我们最后的目标是一致的。

举例子说，如果你是法务部的，不要等到销售人员要签合同的时候你才说这个合同不能接受，为什么不能早一点告诉他呢？你可以提前通过客户的法务部拿到他们的标准合同，就能免去很多不必要的麻烦。

所以，后勤部门不要等着销售人员带着问题找过来，而应自己预先把问题处理好，变成先头部队，这才是真正的增值。

很可惜很多后勤部门的员工真正当自己是后勤，甚至在后面还不勤，所以很多销售人员说，在公司内部面对的困难比在外面还要多、还要大。如果是这样的话，就说明后勤部门没做好工作。

Positive Energy

每个部门都是企业价值链的一部分，没有前后之分。如果能多用主动的心态去做事，相信会给企业带来不少惊喜，员工也会有更多满足感。

所以后勤部门实在应该改个名字，应该叫“先勤”，对他们的要求和绩效评估也要改，要让他们跑到销售前面去，这样的话对双方都有好处。我认为后勤部门中真正想做点事情的年轻人也一定喜欢这样做，而不是整天坐在家里等事情找上门来。

职场一念之转

- 听过一些刚毕业的学生的雄心壮志：“三年之内我要赚一个亿”“五年之内我要超过马云”……有雄心壮志是好事，但如果与现实相差太远，那还是先放在心里。正确的想法不是要赚多少钱，而是能为社会贡献多少价值。如果这个价值是社会和市场认可的，赚钱就是必然的结果。所以关键是贡献你的价值，光说一些大话只会让人觉得你不靠谱。
- 有时候你并没有得罪任何人，但就是因为你得到了这个工作，别人就得不到。虽然你跟他可能完全不认识，但是你却变成了他埋怨的对象。所以做人，谦虚是很重要的。如果在这种情况下，你还是没有意识到有这样的事情发生，最后满街都会变成你的敌人。
- 每一个决定都会受到三种因素的影响：一是你过去的历史，包括辉煌的经历，也有惨淡的过往；二是你现在的心态，可以乐观，也可以悲观；三是你对将来的考虑，有短线的，也有长线的。一个优质的决定应该基于：1. 过去正面的经验；2. 现在乐观的心态；3. 未来长远的考虑。

- 能力跟学历没有直接的关系，学历再高不一定有用，做事的态度才是根本。就是说，一定要很积极、很热心、有很多正能量。即使工作你不懂，也可以在岗位上学，这不是问题，主要是要有正确的态度。
- 年轻人因为缺乏经历，不自信是很正常的，每个人都有不足，但要看你怎样表现出来。因为想掩饰不自信，所以搭起围墙来，躲在里面，怕别人看出你的不足，这种心态是消极的，不可取的，表现出来的可能是自负，是高傲，让人感觉很难接近。其实你可以选择接受自己经历不足的现实，承认自己有很多东西需要学习，不怕尝试，不断求教，不懂就学，你会发觉这种心态会带给你真正的自信。

点滴智慧 Q&A

网友 请问在一无所有的情况下应该如何调整心态，避免破罐破摔？

林正刚 什么叫一无所有，你不是好好地活着吗？身外之物并不能衡量你存在的价值，你的心态、沟通能力和你拥有的知识才是真正属于你的，有了这些，其他的迟早都会有。

网友 林老师好！怎么才能从FM转变到GM呢？

林正刚 我认为每个人生出来都是GM，小孩都充满好奇心，是典型的GM。但在成长的过程中，我们不断被灌输FM的想法，慢慢地就变为FM，但只要有意识地调整自己的心态，还是能将部分GM争取回来的。

当你下次面对挑战的时候，不要说“这个很难”，而应该说“Why not?”通过不同的说法调整自己的心态，让自己变得更加积极。

网友 我快毕业了，但一直没找到专业对口的实习机会，现在有一个别的机会，您觉得我应该去吗?

林正刚 我念书的时候就从来没有找到与我专业对口的实习机会，但既然要生活，只能到餐馆去做杂工。这些工作经验虽然对我的专业没有什么帮助，但对我锻炼积极心态与沟通能力帮助很大。所以有时候看似不太理想的实习机会，对自己却有更大的帮助。

▲第 3 章▲

沟通：职业经理人的基本功

有一次听美国前总统克林顿讲话，他不愧为沟通高手，将我们这些自认为沟通高手的人都忽悠得服服帖帖。后来回想他的讲话内容，发觉没有什么是我没听过的，我也可以讲，但我知道我讲出来的效果绝对差很远，为什么呢？我跟太太讨论这件事，最终的结论是，我的情商跟他相比差太远了。他讲话的功力很高，我们的招数相同，功力却不一样。

潜能开发大师安东尼·罗宾说过：“沟通的质量决定生活的质量。”我认为，一个沟通能力强的人应该有三种本领：1. 能将复杂的事情用简单的语言说清楚；2. 能让对方感觉碰上了知音（会聆听）；3. 用的语言都是阳光的、积极的、鼓励式的，总的效果是让对方感觉很好，对自己也充满了信心。

人类是群居动物，一起生活离不开沟通，沟通不善会导致很多问题，甚至是大灾难。对于职业人来说，沟通更是基本功，怎样将一个问题用正面的方式去沟通好，是职业经理人必备的能力。职业经理人首先要有能力发现问题，但发现问题是容易的那 10%，解决问题却是困难的 90%，要靠大家的合作。找问题容易，让对方接受问题而且还愿意配合你解决才是真功夫。

将问题直截了当地说出来当然容易，将问题包装好再沟通就困难多了。有的人的心态是：“反正将问题说出来我就算完成任务了，是否能解决就要看对方是否能接受了。”如果抱着这样的心态，办事效率就会大大降低。如果沟通方式不合适，大家的沟通就将都停留在情绪化层面上，问题永远得不到解决，能力也没法发挥。

沟通不仅仅是说话

因为工作关系，我常常要坐飞机，也经常留心机场工作人员的服务细节。有一次下飞机时，看见一位地勤人员在指挥乘客转机，他站得歪歪斜斜的，手势也很不专业，脸上的表情就是一副很不耐烦的样子。我看着他，突然想起“沟通大部分是情绪”这句话，这位地勤人员也是在与乘客沟通，但我相信他的肢体语言一定引起了乘客的反感，本来不错的用户体验可能就因为他的表现而打折扣了。

有的年轻人穿短裤背心去面试，样子十分随意，还没有开口，面试官可能就觉得你不重视这个面试，他对你的兴趣就会立刻消失。这种情况下，你说什么他都会从负面的角度去想，来证明他对你的负面感觉是正确的，所以你说什么都是在浪费时间。

所以说，沟通不仅仅是说话。曾经看过这样一个说法，一次完整的沟通当中，有70%是语气和肢体语言，实际的说话内容只占30%。换句话说，如果你的语气、肢体语言引起对方的反感，那你说话的内容就没有什么意义了。不论穿着也好，动作也好，都是无声的语言，稍不注意就会“胡说八道”，导致沟通失败。

Positive Energy

与人沟通时，请注意你的语气、动作、表情和穿着，因为别人能从中读出你的态度和情绪，这些无声的语言往往比说出的话更有力量。

很多年轻人就有个误区，以为说话的内容决定一切，其他什么都不重要，所以他们常常会纳闷：“我有那么好的想法，为什么对方不接受呢?”因为沟通不光是靠说话内容，如果对方不喜欢你，他在情绪层面上已经关了门，你的内容再精彩也没有用，甚至会因为负面的情绪将你的内容扭曲，就算你有再好的内容也没有用武之地。

尊重没有贵贱之分

我以前上班的时候，偶尔会坐在前台旁边。有一次，有一位年轻的销售人员走过来，他没看见我，在和别的同事聊天。聊了一会儿后，他扭过头来，对前台的接待人员说了几句话，态度十分恶劣，但是看到我之后，他的态度马上就改变了。我心里很不舒服，于是就请他到我的办公室，说刚才看见一件事情，我觉得有必要提醒他一下。我告诉他，对人的尊重是无条件的，不管对方是谁，只要他是人，我们就要尊重。

Positive Energy

真正有修养的人对待别人的方式，不会因为对方的高低贵贱而不同，对待基层工作人员，更要表现你的尊重。

我一直认为，尊重别人是无条件的。在职场中面对相对基层的工作人员时，更要表现你的尊重。从我自己来讲，我跟我的直接下属反而比较不客气，因为大家都很熟悉了，很了解彼此的脾气。我对公司里面打扫卫生的、端茶倒水的阿姨倒是最客气的，因为她值得我们去尊重。更重要的是，她很需要我们对她的尊重。下次在公司见到保洁阿姨，向她问声好，对她笑一下，表现出你的尊重，这样做的时候，观察一下她有什么反应。

▸▸ 好印象从握手开始 ▸▸

几年前，思科总部邀请美国前总统克林顿来给我们讲话，公司组织我和其他一些同事欢迎他。

当他走到我面前和我握手的时候，总共可能就一两秒钟，很短暂，但我的感觉是，就在这一两秒钟之内，克林顿的世界里只有我一个人，仿佛他把所有的专注都放在了我身上，这种感觉非常好。当然，当他和下一个人握手的时候，也做了同样的事情。对我来讲，那一次的体验我永远都不会忘记。

难得的是他很用心，就在这一两秒钟之内，你会感觉到他是在用心跟你沟通。

握手是陌生人之间的第一次身体接触，只有几秒钟的时间。但是这短短的几秒钟十分关键，决定了别人对你的喜欢程度。握手是个很好的机会，能够让对方感觉到你对他的友好。然而有些人在握手的时候，将手一伸，伸出去之后一点儿力气都没有，握完手之后就重重地放下，对方和你握手的时候就好像握了一条死鱼一样。这样的肢体语言只会告诉对方："我对你一点兴趣也没有，我对这件事情也没兴趣。"这样的沟通显然是很难取得良好效果的。

讲话不是艺术是沟通

我在加拿大工作的时候，有一位同事是从英国来的，我们是同一个部门的，所以彼此比较熟。有一次我们聊到英式英语与美式英语的区别，他认为美国人是不会讲英式英语的。他说，美式英语是为了沟通，所以要简单，英式英语则是用来表现语言水平的，如果听不懂，是因为你文化水平低。

但后来我发觉他的观点并不完全代表英国人的文化，英国女皇的讲话就很简单好懂。

Positive Energy

> 语言是用来沟通的，听懂是基本要求，如果你讲话连让对方听懂都做不到，就是“沟而不通”，等于是浪费时间。

有一次在光华学院讲完课后，有一位同学提了一个很有意思的问题，我回来后一直在思考，现在跟大家分享一下。这位同学说：“至少有五六次，你说完上半句我就已经猜到你下半句要说什么了。”我当时愣了下，感觉到他的意思是说我水平太低了，要不然怎么总能让他猜到我要说什么呢？

我当时的回答是：“你这样说的话，那我就成功了，因为我的目标是沟通，就是要让你听懂。”后来经过再三思考，我更加肯定这个答案。如果我讲课总是让对方猜不到、听不懂，那我就是失败的。在我的“学习的四个阶段”里面，听懂是第一步，关键还是实践，实践之后才能说是真的懂了，但如果连听懂都做不到，那讲这些课就真是在浪费生命了。

负责任地问问题

问问题是沟通的一个重要部分，也是需要鼓励的，但同样重要的，你的问题要经过准备，不要动嘴不动脑地问，要用负责任的态度去问。问题的答案是否有质量，要看问题问得是否到位，一个没有质量的问题必然会得到一个没有质量的答案。

我年轻的时候就很不喜欢问问题，听不懂也不问，原因可能是因为自卑而导致有点自负吧，但最根本的原因是怕受伤害，这是一种典型的固定心态。后来成熟了点，知道问问题是好事，就开始学着问问题，但问得很没有水平，属于那种不经过思考的问题，张嘴就问，问题一点也不具体，让对方不知道应该从哪里开始回答，于是常常将一个很好的沟通机会浪费了。

Positive Energy

回答是否有质量，要看问题是否问得到位，一个没有质量的问题必然得到一个没有质量的答案。

一个有质量的问题是经过自己思考、用心去问的结果。问题应该是具体的，要让对方听懂，也能回答，出发点是将自己存疑的地方搞清楚。善于提问是学会聆听的一部分，也是让沟通持续下去的良好开端。

▶▶ 多说好话不是虚伪 ▶▶

记得一次在某大学讲课的时候，我讲到一点：跟人沟通的时候，要多注意对方的优点，不要整天注意别人的缺点，因为没有一个人愿意听你说他的缺点。如果你总是说别人的缺点，你会不讨人喜欢。如果大家都讨厌你、避开你，最后就没办法和别人沟通。所以我当时就说，要多称赞别人，比如“你今天穿得不错，精神很好”之类的。

我讲的时候有一个学员突然举手，他问：“老师，这样是不是有点儿虚伪?”当时我也愣了一下，因为我从来没这样想过。

我是这样回答他的：“假设昨天晚上你感冒发烧了，很不舒服，你母亲就熬夜照料你，不敢睡觉，怕你病重，一夜没合眼。第二天早上你的感冒有所好转，但是她熬了一夜，十分憔悴。早上你醒来，看到母亲为你准备好了早饭，满脸倦容地坐在那里。这时候，你有两种选择。第一种，你可以说：‘妈妈，谢谢您，昨天您辛苦了，早饭很好吃。您放心吧，我现在没事了，您去休息吧。’第二种，你可以说：‘妈妈，为什么你脸色这么差？真难看。’

两种说法都是事实，没有一个是编造出来的，但是你只能选择一个，你会选择哪个呢？所有事情一定都有两面，有优点，也有缺点；有好的，也有坏的；有黑的，也有白的。你选择做什么、说什么，决定权在你手里。

▶▶ 会讲故事更有说服力 ▶▶

有一本书叫《一分钟经理人》（*The One Minute Manager*），里面的内容对我的管理风格有很大的影响。这本书很薄，内容很简单，用讲故事的形式来传达管理的理念，读起来轻松有趣。

事实上，在日常生活中也一样，讲故事是一个很重要的沟通技巧。光听理论很沉闷，但如果通过故事讲出来，接受程度就大大地提高了。稍加注意你就会发现，很多名人讲话都包含很多小故事，因为故事比理论好听、好懂。

通过故事来沟通是最有效的，很多沟通高手已经证实了这一点。比如乔布斯的创新秘诀中有一点就是"能讲动听的故事"。苹果的产品发布会就像一场震撼人心的流行音乐会，乔布斯讲话的过程中，台下不断掌声雷动，因为他讲故事的功力是世界一流的。他认为如果没有一个好故事，再好的创新也没有用。

所以，我们要习惯通过讲故事的形式来传达信息。面试的过程也一样，面试最重要的就是建立双方面的互信，所以讲话不能吹牛，不要泛泛而谈，要用细节来说明你是亲身经历过的，如果在回答问题时用具体案例（亲历的简短故事）作说明，就更具说服力。

Positive Energy

讲故事是很重要的沟通技巧，光听理论很沉闷，如果通过故事讲出来，接受程度就大大提高了。

没意见才是最大的风险

我跟一位年轻的 CEO 聊天，他给我讲了这样一件事情。他说有一次他准备开一个很重要的会，于是提前跟几个副总裁商量如何去开这个会。谁知道有一两个副总裁当时就提出来，不如不开这个会，把开会的钱用到别的地方。他听完很生气，说：“有没有搞错，我们现在应该讨论怎么开这会，你们却提出来不要开会，这不在我们的讨论范围之内。”

我听完之后对他说：“你说的也有道理，但是下次如果别人给你提出一些不同意见，先不要急着把他压下去，因为就算你最后还是决定要开会，结果还是一样的。所以不要急着把他们压下去，说我们不应该谈这个，应该好好听一下他认为不该开这个会的理由。”

Positive Energy

我认为大家应该本着No idea is a bad idea 的精神，积极分享自己的体会，同时鼓励别人发表意见。

要将企业内部的沟通扼杀掉很容易，只要不对任何事情提出反馈，沟通很快就会停顿下来。有人给你提出相反意见是一件很难得的事情，作为一个职业经理人，你一定要捍卫并且鼓励这种行为。也许你听完之后，还是会做出和之前一样的决定，但是至少你鼓励了对方，下次他还是会给你提出许多意见。一个公司如果没有人敢提出不同意见，其实是有很大风险的。所以，虽然最后的结果可能是一样的，但是你多听了一两个意见，这对你以后的决定会有很大的帮助。

▸▸ 别被冷面孔吓到 ▸▸

我在加拿大找到第三份工作时，突然调来一位新上司。这位新上司有点儿特别，他不像典型的加拿大人一样客气，给我的第一感觉是不太友善。他跟我说话的时候从来不看着我；而我说话的时候，他则看着别的地方，还不停地抽烟。所以一开始我觉得他可能不太喜欢我，这给我带来了很大压力。

当时我有两个选择，一是想办法留下来，把工作做好，另一个就是离开，最后我的决定当然是留下来。六个月之后，我做得很好了，我也忘记了是怎么样转变过来的，也不知道是什么时候开始改变的。我跟随这位上司工作了三年多，是我在加拿大做的几份工作里面时间最长的一份。

这三年中发生了什么，我现在说不出来、也想不清楚，反正大家后来都能很好地沟通。原来他并不是表面上看起来那么不友善。工作一段时间后大家熟悉了，他就和我谈心。我才知道，原来他并不是不喜欢我，而是因为他很害羞，虽然他当时已经四十多岁了，但还是不习惯跟陌生人打交道。另外，我又是他认识的第一个中国人，他以前从来没跟中国人打过交道。这两个原因导致他一开始跟我沟通的时候都不敢看我，让我误以为他不喜欢我。说开之后，误会就消除了，此后的工作中我们还配合得很好。

▶▶ 不再惧怕打 cold call ▶▶

有一次接到一个电话，是某家保险公司推销保险的业务员打来的，我特别温柔地对女孩说我没有买保险的需要。我特别温柔不是因为对方是女孩子，当然这也是一点原因，重要的是我知道打这些 cold call 对很多人来说是十分困难的，所以我尽量不要太打击她。

我还记得二十多年前我打第一个 cold call 是怎样的场景。我先将要讲的话写在纸上，还在旁边画一个大笑脸（据说这样接电话的对方会感觉到你在微笑）。当时还没有手机，所以都是打到公司去找潜在客户，但大部分电话都被秘书枪毙了，一天之内能跟七八个客户通话已经是很好的成绩了。

因此，打 cold call 是一种很好的锻炼沟通能力和心理素质的方法，因为通常你不认识对方，不知道他的脾气，不知道他会如何回答你。压力的确很大，但最坏又能怎样，最多就是对方挂电话而已。道理大家都知道，但每次想到 cold call ，电话就会突然变成千斤之物，所以我对打 cold call 的业务员特别同情。但是如果你积累了很多次打 cold call 的经验，以后就不会再害怕了，你的沟通能力和心理素质都会有很大提升。

▶▶ 零反馈是沟通杀手 ▶▶

几年前我在韩国坐出租车，司机听我说完目的地后，扭过头来看着我，脸上带着微笑，点头表示他听到了，然后才开车。他一句话都没有说，但他的肢体语言让我知道，他很欢迎我，也知道我要去的地方。

我以前的一位上司正相反，这个人有很多优点，但他有一个致命的缺点，就是他听你讲话时不能集中精神。有一次我跟他吃饭聊天的时候，我还没说两句话，他的眼神就跑到别的地方去了。跟他熟悉之后，我才知道这是因为他的思维比较活跃，听你说话的时候常常产生一些想法。但是如果别人不知道他的这个特点，就会给人一种很不尊重对方的感觉，因为他完全不给你任何反馈。

零反馈是沟通的第一大杀手，每个人都希望得到别人的倾听和肯定。当然，给予反馈并不局限于用语言来表达，别忘了，沟通当中有 70% 是语气和肢体语言的沟通。别人说话的时候，我们应该学着通过肢体语言来告诉对方你已经听到，而且有兴趣听下去，比如身体前倾、适时地点头和微笑，最关键是要让对方感觉到你在用心聆听。如果对方有很多话要说，你只需要用肢体语言来鼓励他，适当的时候用简单的语言总结一下，确保他不会跑题，但千万不要随意打断对方。

Positive Energy

每个人都希望得到别人的倾听和肯定。下次听别人说话时，往前坐一点，用心听，然后适当地点头，你会有意想不到的收获。

别拿亲近的人出气

在网上看到这样一个小故事：有一对年轻的夫妻，太太心情不好的时候就会说一些很难听的话，拿自己的丈夫出气，她觉得丈夫是自己最亲的人，心里不高兴只有跟他才能说出来。

从这位太太的角度来讲，她这么做好像很有道理，但是从另外一个角度来说，你最亲近的人可能也是最容易受伤害的人，因为他最在乎你说的话。如果你因为自己心情不好而对他说一些很难听的话，这种伤害比陌生人对他发脾气更大。

我们与陌生人沟通时会用一个“过滤器”来听对方说话，所以对方的恶语相向对你的伤害程度会相对低一些。但面对自己熟悉的人时，这个“过滤器”就不太管用。所以同样的一句话，对后者的杀伤力就会大很多，所以不要以为和亲近的人沟通就可以不太客气，与自己的下属沟通也是一样的道理。

每个人都会有心情不好的时候，你可以将心里的不愉快说出来，但是不要骂别人、拿别人出气。最亲近的人不是你出气的对象，你可以跟他分享心里的郁闷，但不能用迁怒的方式来表达，直接说出心中的烦恼或许是更好的方式。

Positive Energy

不能因为对方是我们亲近的人就不注意说话的方式，你的同事、朋友和家人并没有义务充当你的出气筒。

吵架是负能量的发泄

在公司开会时常常出现一种情况，大家讨论一个重要问题，形成了两种不同意见，双方互相攻击，各执一词，互不相让。深入讨论之后，发现大家的观点其实是一致的，只不过一方在谈策略，另一方在谈执行，虽然大家有共同的目标，但讨论的内容层面不一样，结果就好像吵架一样，其实完全没有必要。

我认为吵架是一种负能量的发泄，是在用情绪化的方式表达自己的意见，而且只是单方面的发泄，很难达到沟通的效果。

世界上很少有事情有绝对的错与对之分，全看你从哪个角度去看事情。然而每个人都认为自己是对的，吵架就是因为双方都要证明对方是错的、自己是对的，对于解决实际问题毫无帮助，这种吵架有意义吗？

要避免吵架也很容易，先来一招换位思考（调整心态），再来一招不怕丢脸（诚心道歉），这样一来对方就会失去攻击的动力，甚至会晕几秒钟，不信的话可以试试。

▶▶ 批评要用正面的表达 ▶▶

一次在清华大学讲课，有一位男同学问我的成功秘诀是什么，我半开玩笑地说我娶了一位好太太，很多女同学听了笑得特别开心。那我太太到底好在什么地方呢？我说她是我信心的来源，她从来不批评我，我在家是从不会做错事的。她对我只有鼓励，没有批评，因为她知道我在外面工作，整天有人批评我，回家了就不需要她再来批评。这时候男同学的笑声就特别响亮。

我一直很反对批评，因为我相信人需要鼓励才能成才，而不是批评。我认为成功应该是鼓励出来的而不是批评出来的，我不太赞同那种爱之深、责之切的做法。批评是一种效率很低的沟通手段，它只能做到：1. 令对方从冷静变为情绪化；2. 发泄情绪，通过批评别人来证明你高人一等；3. 将一个很理性的讨论变为情绪的碰撞。

我认为批评的目的不是发泄自己心里的不快，而是为了让对方将事情做好，这个出发点很关键。我认为人与人之间首先要建立信任，要让对方知道你说的一切都是为了将事情做好，而非人身攻击。所以批评的时候尽量不要用负面的词，有效的沟通必须是正面的。我同意批评有时还是必要的，但关键是内容，如果包括建设性的改善方法，再配合适当的沟通手段，批评就是很有效的沟通工具，但绝对要避免那种只找对方错处的批评方式。

Positive Energy

> 批评是为了把事情做得更好，所以要尽量用正面的表达，提供建设性的改善方法，而不是发泄负面情绪。

此外，批评对方做的事之前，要先问问自己，你批评的是这件事情不应该做，还是你对别人做事情的方法看不顺眼，如果是后者，那最好忍一忍，因为你做事的方法也不一定是最好的。

▶▶ 沟通就是执行力 ▶▶

在一个论坛上，有人问我什么是执行力，我脱口而出：“沟通就是执行力。”在今天这个社会，单打独斗的时代已经过去了，所以执行力通常都是指团队的执行力。一个团队要有很强的执行力，一定要有很清晰的目标，具备非零和博弈的心态，再加上一流的默契，而以上所说的每一项都离不开沟通。

Positive Energy

沟通不畅绝对是企业最大的内耗之一，同时，沟通也是提升企业生产力的一个很大的机会。解决好沟通的问题，执行力自然会上一个台阶。

团队成员之间的默契是企业获得成功的基础，而良好的沟通机制则是建立默契的关键。而且，要将沟通机制运用于从基层到高层的所有员工，建立开放而双向的沟通环境，才能使企业具备强有力的执行力。

我认为管理不外就是沟通，一家沟通顺畅的企业一定是执行力很强的企业。我们甚至可以在沟通前面加上“简单”两个字，大家觉得有道理吗？不能用简单的语言让大家理解的理论永远都是理论，没有执行的可能性。

开会就是要解决问题

一栋典型的办公楼里，基层员工们都焦急地望着大会议室的门口，因为老板们都在里面开会，他们都得等着自己的老板签字才能继续进行下一步工作，所以大家都等着老板们中场休息，然后一拥而上抓住机会请他们签字。这种情况在企业里面十分普遍，已经成为一种严重的企业病。

开会原本是为了解决问题，但当开会变成习惯后，大家就渐渐地不再问为什么开这个会了。如果你不去开会，别人会说你不支持他们的工作，所以即使大家心里觉得不需要开会，也不敢说出来，结果全公司就没完没了地整天开会，开会就变成一种企业文化了。每次领导一开会，公司的内耗是十分巨大的，所以每次有人提议开会我都要问清楚有没有这个必要，如果一定要开，能否用电话会议来解决，反正一定要把开会带来的内耗减至最少。

开会既然是为了解决问题，那就需要搞清楚解决问题的过程。以下就是解决问题要经过的四个步骤：1. 定义问题；2. 分析问题出现的原因；3. 找到几种可能解决的方案；4. 决定采取某一种解决方案。根据问题的复杂性，每一个步骤可能都要单独开一个会。

Positive Energy

很多时候企业误将策略、计划和执行三种会一起开，三种心态纠缠在一起，结果就出现许多没完没了、议而不决的场面。

重要的是，开会时要清楚地了解开会的目的，是定义问题，还是分析问题的原因，或者是寻找解决办法。最糟糕的，是在不同步骤之间来回反复，这种会就会开得没完没了。

领导应该和员工谈什么

思科一直都有一个开放沟通的文化，就是说员工可以与任何层级的领导单独谈话。这种沟通方式在公司里面是受到鼓励的，但这种谈话一定要有清晰的定位，就是说应该有所谈有所不谈，否则就会给组织带来不必要的困扰与内耗。

我每次与员工谈话的时候都会坚持以下原则：

1. 聆听员工对公司的正面与负面的意见；
2. 当员工提出一些要求的时候，只能听，不能表态，但要鼓励员工将这些要求向他的直接上司表达；
3. 利用这个机会分享一下公司最近的发展情况和趋势，达到激励员工的作用；
4. 指出员工最近做的一些值得表扬的事情（这个要预先准备），利用这个机会再次宣扬企业文化；

5. 千万不要有帮助员工解决问题的心态，避免养成员工的依赖性，员工提出问题的时候，要引导他自己提出解决方案。

通常，一个部门里面我会跟数位员工沟通，将听到的情况做个总结，然后与部门的直接领导沟通，要求他对员工提出的意见做出一个判断，并做出一个行动计划来满足一部分合理要求，与员工沟通并执行到底。

▶▶ 和高管沟通要抓住一两分钟的机会窗口 ▶▶

多年前我回到香港工作，有一次跟一位亚太区的高管聊天，他教了我一招。他说你去跟高管沟通的时候，一定要抓住他们的关注点，因为他们专注的时间很短，毕竟他们实在是太忙了，每天要处理的事情很多。所以如果你有机会跟高管沟通的话，他可能只给你一两分钟，最多三分钟的时间。这一两分钟就是你的机会窗口，你需要在很短的时间内将事情讲清楚，否则你就会失去这次跟他沟通的机会。一旦你失去这次机会，可能就要等很长时间才有机会再和他沟通。

和高管沟通的机会往往是把双刃剑，沟通得好是好事，但如果沟通不好会就会变成坏事。一次沟通就好像给你拍了一张照片，这次的印象将长时间留在他们脑海里。

和高管沟通时，要说清楚三点：第一，你想和他沟通的问题是什么，要描述清楚，要具体；第二，你的解决方案是什么，不要将问题扔过去，如果你有足够的时间，最好提出一两个具体方案供他选择；第三，你需要他怎么帮忙。他听完了你的问题，也知道了你的想法，所以如果你能帮他很快做出一个决定，他会感谢你，会觉得这样的沟通是有效率的。

Positive Energy

和高管沟通的有效方法：第一步，描述清楚问题；第二步，提出若干种解决方案；第三步，让他知道你需要他做什么。

▶ 优质策略需要优质的沟通平台 ▶

我琢磨过这样一个问题，我做了三十几年的职业经理人，回想一下，发觉无论在哪家公司，当我做到中高层以上的职位，需要做一些策略性的决定的时候，往往没有一个很规范的平台与其他高管进行沟通。

我认为企业的策略层需要有一个沟通平台。很多公司的高管层会安排一些 offsite meeting，也就是大家出去聊，但是基本上都是做回顾，就是看看公司情况怎么样，策略上必须要做一些什么调整，所以我觉得这方面挺欠缺的。

如今我们有各种各样的管理模型和工具，我认为没有什么好坏之分，都能用，但是一定要将这些工具和模型变成管理机制的一部分。也就是说，变成管理层开会时必须要用到的一种东西，只有这样，才能将这个工具的作用发挥出来，才能够确保高管之间有一个沟通的平台。

举个例子，如果我们要谈公司愿景，你会发觉每个人对愿景的定义都不一样，甚至可能在一个团队里面，每个人对愿景的看法也不一样。在这种情况下，团队怎么能够达成一致的策略？因此很重要的一点就是管理层、策略层需要有一个沟通的平台、沟通的工具，让决策者将他们的意见充分地交流，然后得出一个最适当的、在当时是最优的策略。

职场一念之转

- 下一次跟别人握手的时候，请用力，看着对方的眼睛，给对方足够的专注，让他觉得这两秒钟内你的世界里只有他。观察一下，以这样的握手开始的沟通，效果会不会更好。
- 声音大、语速快，不一定是最有效的沟通方式，在讲话过程中适当地用一用是有效的，但一直保持这个状态就可能有反效果。应该是抑扬顿挫，而不是永远抑扬，也不是永远顿挫。
- 与人沟通有一条金科玉律：表扬对方时，人越多的地方越好，但要批评的话，一定要关起门来，否则即便出发点再正确，对方也会认为你是有意让他下不了台。
- 演讲就是做听众思维的导游，你一定不能让你的听众跑了，否则你就没有游可导了。你要带着你的听众去体验、去理解，去思考不同的“景点”。“景点”最好是以故事的形式出现，内容不能太多，只要抓住几个关键信息，用很多故事将它们串联起来就可以了。
- 当你在企业里面给老板做介绍的时候，并不需要将你懂的东西都展现出来，每小时一千公里的语速将听众都搞晕了，让对方在最短时间内听懂核心信息才是真本事。如果你真的懂一个题目，你的语调和肢体语言自然会表达出你的自信，就像我们看见大海就绝对相信它会起浪，不用真的看见浪。

- 沟通是为了和人搞好关系，而不是得罪人。喜欢听好话是人的天性，所以沟通时最好多说别人好的一面，这不是虚伪，而是一种善意，是为了让别人心里舒服。你说的话让别人听了心里舒服，才有进一步沟通的可能，关系才有进步的空间。

点滴智慧 Q&A

网友　刚进公司的职场新人沟通能力往往较弱，有什么比较好的沟通理论书可以推荐吗？

林正刚　沟通就是要知道说话的分寸，学会把握平衡，讲沟通的理论书是不少，但实践起来绝对是艺术，只能通过实践来学习，可以从卡内基的书开始看。

网友　请林老师讲一下，与人沟通时应该如何表现自己的真诚？

林正刚　要让对方感受到你的真诚，可以试试以下几点：1. 用心聆听对方的观点；2. 找出你认同的观点；3. 不要盲目赞同对方，否则会变成虚伪；4. 避免情绪化的争论；5. 不要打压对方的观点。

网友

现在用微博的人越来越多，你认为在微博上沟通要注意哪些问题？

林正刚

反馈很重要，我花在评论反馈上面的时间不少。我通常定期浏览一次，看看有没有需要回复的，如果需要回也可以回，我就会立刻回。我认为如果没有评论反馈这部分，就不算是沟通，只是一言堂。

▲第 4 章▲

知识：职业经理人的套路

很多年前，公司派我接洽钢铁行业的客户，但我对于钢铁行业一窍不通。我想，客户一定是希望我见到他的时候，已经对他的行业有了一定的了解，这是对客户的一种尊重。

所以我就买了一本讲钢铁行业的书。我每次去见客户，第一天先不谈业务，而是对客户说："第一天我想参观一下你们的工厂，先学习一下。"客户很喜欢这种要求，他们也愿意花时间来教我。

我每次都会提前询问要参观什么，然后根据要参观的内容去看书，于是第二天去参观时，我就能提出一些比较到位的问题，而不是傻傻地连看到的是什么东西也不知道。一段时间下来，我对这个行业就有了一个大致的了解。虽然我仍然只是门外汉，但至少可以听懂客户提出的问题和要求，这一点对我的工作很有帮助。

著名社会学家本杰明·巴伯（Benjamin Barber）曾说："我不认为世人有强者、弱者，抑或成功者与失败者之分。我只将世人分为两类——学习者和不学习者。"很多人认为走出校园就不需要再学习了，实际上在现代社会，职业经理人一定要终身学习，这样才能避免被淘汰。企业也是一样，一定要建立一个学习机制，让自己能够不断更新、历久长青。

"You don't know what you don't know"是一句值得我们记住的话："你不知道你不知道什么"。但是我们一定要承认我们不知道的东西多的是，所以要保持虚心、学习和包容的心态，才能在这个变化万千的互联网社会里生存下来。

我坚持认为，能力=心态×沟通×知识，通过不断获取新的知识，我们能够拓展自己的视野，提升自己的能力。《让大脑自由》（*Brain Rules*）一书里说大脑是不断成长、发育的，这个过程在生命结束之前都不会停止。我们每天学习的东西都在提升脑力，我们大脑里面的很多智慧是IQ测验显示不出来的。大脑的学习能力是很强的，能否充分利用这个天赋就要看我们自己了。

摆正学习的心态“雷达”

我有一个同事已经离开公司很久了，有一次我们聚会的时候，他跟我说，很感谢我多年来对他的帮助。他之所以这样说，是因为我常常跟同事分析我经历过的事情，把这作为培养下属的一种方式。

其实他真的不用太感谢我，因为我对所有人说的话都是一模一样的。但是是否能够听进去，能够学到对自己有用的东西，完全靠你自己，所以，实际上你自己的功劳最大。同样一句话，你听进去了，你去照做了，你就得到好处了。但是很多人可能听都没听进去，或者没听懂，他就学不到有用的东西。

所以，学习和提升说到底还是靠自己。

一句话能达到怎样的效果，关键要看你如何听。你是否听得进去，如何判断这句话，以及如何反应，完全看你的“雷达”。“雷达”就是你怎么听，说到底就是你的心态。同样一句话，有些人能听出其中的好，觉得对自己有鼓励作用；有些人则觉得对方是在作秀，在故意表现，心里就不高兴，所以什么都学不到。

> **Positive Energy**
>
> 心态就像一个人的“雷达”。同样一句话，如果你心态很正，就能学到很多东西；如果心态没有摆正，听再多的话也得不到好处。

▶▶ 宁做学生，不做老师 ▶▶

过去几年与很多专家打过交道，对他们有一些了解。作为专家，一定要在某方面有深厚的造诣和独特的见解，这些都是经过长时间的努力积累起来的，所以专家们珍惜自己的成就是很正常的。但这种珍惜一不小心就会变成一种过分保护的心理，变成一种固步自封的力量，不能接受新的观念。

在现代社会做专家，首先一定要是学习者，对事物充满好奇心，少批评、多了解，这样才能保持与时俱进。我就很喜欢“无知”的感觉，无知让我们对很多事情产生兴趣、保持学习的欲望，是一件很愉快的事情。这又让我想起“虚心求教”这四个字。对我来说，“虚”在这里代表“空出来”，就是你心里需要腾出一些空间，才能接受其他人的想法与意见。换句话说，如果心的容量不够大，那心也“虚”不起来。另外，心的空间要有弹性，要能够不断容纳新的知识。

每个人身上都有值得学习的地方，谦虚是唯一的态度。相反，自满是人生的一大悲剧，一个人如果认为自己什么都懂，不用再学习，不用再去讨教，那还有什么希望？只要我们闭上嘴，张开眼睛，打开耳朵，抱着空杯心态，那四周都是老师，无时无刻不可以学习。

我去讲课的时候，很多朋友都尊称我为“老师”（大概是占了年龄的优势吧），但我不断提醒自己不要当真，我怕失去享用“无知”的权利。我不怕自己有多少东西不懂，怕的是自己以为自己都懂，失去了学习的机会。也有网友问我是不是老师，我说不是，做老师太累，因为整天要背上“都懂”的压力，我宁愿做“学习者”，学习一生，这样反而潇洒一点。

▶▶ “敢”思考比正确答案更重要 ▶▶

网上有很多人向我咨询一些事情的解决办法，我通常不能详细地、一步一步地回答应该怎么做，原因是问题本身可能就不太具体。

但是就算描述得够具体，我也不可能给出一步一步的指导，因为我所在的环境跟对方的环境差异很大，我能做到的，他不一定能做到；反过来，他能做到的，我也不可能做到。在这种情况之下，给他一步一步的解决方法是不现实的，很容易出现误导的情况。

所以，我通常都是分享一些经验，尽可能地给出一些方向性的指导。很多网友可能不太满意，总是希望得到一步一步的指导，希望我告诉他应该朝前走两步，还是向左拐一步。

这实在是一个不好的习惯，我觉得我们每个人都应该尽量培养独立思考的能力，自己将事情琢磨透，而且还要一边想一边做，一边做一边反馈。因为我绝对相信，也看到过很多实例，很多事情都可以有不同的解决方法，特别是管理方面的问题。你所处的环境、你面对的人和你的身份不同，对同一件事情的处理方法就可能会完全不一样。

我设计课程的时候有个目标，就是希望学员养成“敢”思考的习惯。敢思考就是不要刻意追求“正确”答案，如果太在意答案是否正确，你就不敢去想，整天希望老师把答案说出来，结果就是墨守成规，老师的知识就变成你思考的限制，不会有什么创新的想法。所以

Positive Energy

人们常说，“不要光给一个答案，要多给一个答案”，就是鼓励从多方面想一件事情。思维习惯很重要，它直接决定我们是否能够不断创新。

“敢”思考比听懂某些理论更重要，比正确答案更重要。

▶▶ 学习的四个阶段 ▶▶

忘了是什么时候看到一本书，里面提到学习有四个阶段，跟大家分享一下。

这四个阶段依次是：**吸收→消化→实践→反馈**。

什么是**吸收**？就是当你看了一本书，或听了一堂课，你认为你听懂了，那就是吸收。

什么是**消化**？就是能够将你听懂或看懂的东西与过去的人生经验联系起来，并有所启发。

什么是**实践**？这个就很明显了，就是将你得到的新知识付诸行动。

什么是**反馈**？在实践的过程中，你会不断修正自己对这个新知识的理解。

很多人的学习都只停留在第一个阶段，甚至有很多已经拿到很高学位的人还是停留在第一个阶段。只有经过消化才能将别人的知识变成自己的知识，成为真正的知识。但这样得到的知识如果没有经过实践，还是不能用来提高你的智慧。最后的反馈阶段，就是你用别人的知识来提高自己的智慧的关键环节。学习并不容易，如果做不到第三与第四个阶段，那前面两个阶段就有点浪费时间，只是给自己增加一些精神上的快感而已。

没有实践等于零

有一次与一位大学教授吃午饭，他刚从国外开会回来，会议的内容都很有意思，我也很有兴趣去参加一下这些会议。但他后来说了一句话让我一直在思考，他说："去开会的人都是做研究工作的，真正每天做执行工作的人却去得不多。"这就带出了一个问题——缺乏实践的理论有说服力吗？

我在这本书里分享给大家的都是自己的真实经历，想通过这些分享让大家少走一点弯路。但如果要达到“少走弯路”的目的，那首先就需要“走”起来，就是说要进入学习的第三个阶段“实践”。有些好学的年轻人很容易将别人说的道理听进去，整天听到的意见都好像很有道理，结果就在一堆很有“启发”的意见上面折腾，最后什么都没有学到，因为始终没有根据某一个理念去实践。没有实践就没有学习，听懂只是学习的开始，实践才能完成对一个理念的学习。

企业里最近开始流行一种培训方法叫 Action Learning，基本原理就是要通过一种行为将新观念传达给学员，而不是简单地灌输概念，因为概念不经过实践是很难真正理解的，就是理解了也记不住，忘记了就等于没有学过。我自己的体验就是：如果不自己动过手、动过脑，你永远都学不会。

Positive Energy

如果没有实践，别人的“分享”只会停留在“虚拟世界”里，永远都是别人的理论与体验。实践是将别人的经验变为自己的经验的唯一路径。

“论坛”VS“讲坛”

很多年前在香港，我参加了一个由哈佛大学举办的为期一天的市场学课程，但它其实应该叫做“论坛”，而且是真正意义上的“论坛”，与之相比，其他的所谓“论坛”都应该改叫“讲坛”。

老师先用十五分钟左右的时间介绍一个市场理论，然后就带动学员们对这个理论提出他们的理解、问题和不同意见。老师就像一个指挥家，指挥不同的乐手合作演出一场精彩的音乐会。哈佛老师独特的教学方法让我们度过了充满激情讨论、高效学习的一天。

我自己的体验就是：时间过得很快，因为需要集中精神参加讨论，而因为要参加讨论，就必须动脑筋将自己的理解进行整理，然后表达出来，整个过程就是一个很好的学习方法。整堂课都在热烈的讨论中进行，学员可以培养出独立思考的习惯，提高逻辑分析和与人沟通的能力。虽然一堂课只讲一个理论，却能让学生理解得透彻，并且激发出新的想法。如果老师一言堂，学员就很容易养成懒惰的思维习惯，沟通能力也没有机会提高。

这是我第一次体验到互动对学习的重要性，那次论坛完全改变了我对学习的理解，也改变了我日后培训员工的方式。另外我发觉，这样来培训员工你自己也在学习，因为在互动中你会遇上没有考虑过的问题，使思维发散到不同的领域，对拓展视野以及培养包容心态很有帮助。

▶ 讲十遍不如体验一遍 ▶

我发现，很多东西如果由别人告诉你，而你自己没有体验过的话，印象就不深。所以我常常在想，光说不做不是很好的学习方法。

有一段时间我为一家公司做培训。培训中有一个概念，我已经跟学员们说了至少六个月，我一直以为他们已经听懂了。但是后来我发现他们在执行的时候还是走偏了。当时我很困惑，这个概念他们应该很清楚，为什么还是会走偏呢？

最后我决定重新再讲一次这个概念。但是这次我不是单纯地讲解，而是让他们自己去分析、应用这个概念，将概念与他们所做的事情结合起来理解。最后大家都恍然大悟，终于明白自己为什么走偏了。

从这件事情中我发现体验式学习是一种很好的方式，讲十遍不如体验一遍。你明明预见了某个学员会犯错，却不能直接告诉他应该怎么做，而是要让他犯一点小错，要让他有机会发现自己的错误，犯错之后你再指出来，他就会理解得更深刻。经过体验学到的东西，才会真正懂得怎么用、在什么时候用，以后就不会再犯同样的错误。经过这样的学习，我相信大家一辈子都会记得。

Positive Energy

管理者要给员工一点犯错的机会，员工则要学会从错误中学习经验，每一次犯错都能加深你对一件事情的理解。

▶▶ 实践与反馈的良性循环 ▶▶

有一天我和我的拳击教练在练习，教练拿了两个拳靶，他一边移动，我一边追着他打，左右手轮流打。在打的过程中，我发觉这样一个问题，右拳打出去的时候感觉很不错，很实在，但是左拳就有点虚。这让我觉得不太对劲，我就问教练："我觉得左拳有点虚，为什么呢？"

教练仔细观察了我出拳的动作，然后说："你出右拳时是直接打出去的，但是你出左拳的时候有一个多余的动作，你总是先把左肩往后挪，然后再打出去。因为多了一个这样的动作，距离就把握不准了，所以打到拳靶的时候，就有点虚。"

我听完之后，马上将教练说的情况结合我自己的感觉，调整了左手出拳的动作，果然，再打出去的时候立刻感觉好了很多。

仔细分析一下，这个过程其实有几个步骤。首先我在练习击拳时发现有点问题，我将这个问题提出来给我的教练。教练根据我的反馈进行观察，然后给出建议。我再将他的建议结合我自己的感觉，调整我的动作，进行新一轮实践。

做事情也是一样，也有这么一个实践、反馈的环节。通过实践提出问题，让别人做你的镜子，以便你调整做事情的方法，最后再去实践，检验新的方法是否可行，这就形成一个良性循环，也只有这样你才会不断进步。

Positive Energy

如果你不实践，只是在心里面打拳，等于从来没有真正打过拳。所以真正打起来的时候，可能跟你想的完全是两码事。

高明的道理往往最简单

我经常在微博上分享自己的人生经验和心得，但不管怎样用心地去做，总会有人匆匆地瞥了几眼后轻描淡写地留下一句："纸上谈兵，我都懂。"

让我们来分析一下说这句话的人是什么心态。他的意思大概是：你博文里面的东西我都看过，也都懂，没什么了不起的。我认为，他们之所以会这样想，是因为他们自己也是纸上谈兵，从来没有通过实践理解这个道理带来的好处，所以不觉得这个道理有什么了不起。

其实很多道理都是简单的，也正是因为简单所以常常被人遗忘。这就相当于，如果满地都是黄金，只要你俯下身来就可以捡起来，那你就不会觉得黄金的可贵了。道理谁都知道，但真正去"捡"的一定是少数。

Positive Energy

高明不需要复杂，越是高明的道理往往越简单，能否体会其中的奥义，要看你是否实实在在地去做。

有用的道理其实就在我们身旁，但我们总是喜欢去找一些更复杂的东西来满足思维的挑战带来的快感。有人说过，如果慢下来，好好看看四周，你会发现多年以来都在找的东西就在你身边，从没有离开过。

"道理都好懂，但做起来很难"，这句话我听得最多。道理的确是很简单，并不深奥，关键是你的态度。你有两个选择，一个是“谁不会说，做起来很难啊!”另一个是“如果他可以，那我为什么不行，我来试试!”一切都取决于你自己。

每一次跳槽都为了学习

我在第一家公司工作两年多之后，渐渐觉得好像没有什么东西可学了。无意中在报纸上发现有一家公司要请人，那家公司在加拿大的最北边，离北极不远了。

当时我考虑新工作的时候，就是看这个工作本身有没有学习的空间。到现在我还是这样来考虑，一份新工作一定要能够让我学到新东西，如果不能的话，换工作的意义就不大了。

我当时是这样考虑的，这家新公司所在的地方很荒芜，自然环境十分恶劣，我相信很多人都不愿意去，因此，公司里存在的问题一定比较多。如果去待上一两年，我一定会学到很多东西，相比一些比较稳定的、成熟的工厂或企业，我会有更多的锻炼机会，得到更大的进步。

事实证明，我的考虑是正确的，尽管我在这家公司只待了一年，但是我在这一年里学到了在别的地方几年都学不到的东西。我经手处理的问题特别多，这也为我的下一份工作打下了一个很好的基础。而且因为公司人手不够，我做事的自由度也很大，而且有很多机会尝试不同的东西。所以从学习的角度来讲，我这个决定是完全正确的。

曾经有人问我是怎样规划自己的职业的，其实我基本上没做过什么规划，都是走一步看一步。但是我的每一次选择，都会考虑有没有新东西可以学，有没有新鲜感，能不能让自己觉得每天都在进步。

如果你正在犹豫是否应该换一份工作，请先问自己：你在现在的工作岗位上是否已经做到最好？新的工作是否能让你学到更多东西？对每一个职位的追求都应该建立在“我能否学到新东西”这一点上，有学习空间是最大的动力，甚至不升职、不加薪也可以。

感兴趣的书要立刻买

我曾经看过一本书，作者是香港一位很有名的作家，他也写专栏和小说。他在书中描述自己有这样一个习惯：看到书，或其他什么材料时，如果感觉有意思，就会马上买下来。他说，因为你永远不知道哪一天会需要它。

我在买书方面也是这种心态。如果我觉得它的书名，或者内容是我可能感兴趣的，或者跟我的兴趣方向有点关系的，就算不是马上可以用得到，我也会将它买下来。因为我知道，如果到我想要看的时候再去找就很困难了。

Positive Energy

遇到感兴趣的书就立刻买下来，先抓到手，以后再慢慢消化，日积月累，你的知识储备就会越来越多。

我买书、看书都是这种习惯，遇到感兴趣的材料，先买下来，有机会再去读它。我备课的时候就会去我的小小图书馆找素材，这样效率很高。而且，由于之前看过几眼，就会对书中的内容有点印象。当需要讲一个课题的时候，我就会想起来哪本书里面提过这个问题，于是我就会马上将书找出来，这样来备课效率就比较高了。这些都得益于我平时买书的这样一个习惯，如果临时想到什么再回头去找一本书，恐怕连书名、作者都记不清了吧。

▶▶ 好书不一定从头读到尾 ▶▶

我在很多年前就看过一本书，叫做《公司进化论》（*Dealing with Darwin*）。这本书介绍了一些创新型的公司是如何成功的，分析得很透彻，认为创新是可以通过管理机制培养出来的。

我第一次看这本书的时候印象并不深，翻了两下就放下了。后来因为要为一个课程备课，准备讲关于创新的话题，突然间就想起这本书，拿出来一翻，感觉就和第一次完全不一样了。

第二次看的时候，我感觉这本书特别有趣味，有深度。碰巧的是，这本书的作者是一位企业管理顾问，也曾经为思科服务很多年，对思科的情况比较了解，因此他写的很多关于创新的内容我都深有体会，就像在和一位老朋友交谈，感觉很亲切，而且受益匪浅。

从这件事情当中我感受到，不一定要一次把一本书从头读到尾，越是好书，越需要时间来消化。所以每次拿到一本书，我会随便翻一翻，翻到有用的、感兴趣的东西我就去看，如果没有就先放一边，等想看的时候再来看。

也就是说，看书也要讲究时机，如果时机不对，你逼着自己去看书也没有用。时机一到，你不用逼着自己，看书的动力自然就会存在。

有的时候，可能因为你暂时没有需要，或者作者的写作背景和你当时所处的环境不太一样，因此看书的时候你可能并没有太多感觉。不妨把书放在一旁，有机会再拿出来翻一下，也许会有很多惊喜。

▸▸ 有目标的阅读 ▸▸

我在网上跟一些朋友聊起读书习惯，我说我看书是有目标的，很多人就说我这个叫“为阅读而阅读”。我觉得给阅读贴什么标签不重要，重要的是我所谓的“有目标”是什么意思，所以我要清楚地说明一下。

举个例子，最近我看了一本书，里面讲了很多有关商业模型的内容。当我第一次打开它时，最吸引我的就是有很多图，我觉得蛮有趣的，就买下来了。后来我要备课，开始琢磨一些不同的东西，我就想到了商业模型。商业模型这个词很多人都在用，很多人都在说，但是到目前为止，我还没有听说过任何人给出一个清晰的定义，到底商业模型是圆的、方的，还是尖的，谁也说不清。所以我又将商业模型那本书拿出来了。

我是这样来看这本书的，先看它的定义，将它和我过去的经历联系在一起，我觉得这个定义我可以接受，也可以用。但是最重要的不光是接受一个定义，而是思考这个东西在企业运营中怎么用，在什么时候用。

所以我买书的时候是没有目标的，但阅读一定是有目标的，就是说每一本书我都知道我为什么看它，看过之后可能会触动一些想法，然后我会想它能不能应用在一个具体的地方。有时我也会自己绘制思维导图（参见书后彩页），帮助自己理清思路，加深对书中内容的理解。这就是我所谓的“有目标的阅读”。

Positive Energy

看书要有目的，知道自己为什么看一本书，看完之后用在什么地方，可以怎么用，这样看书你会理解得很透，记得很牢。

找准自己的思维特点

刚回到国内工作的时候常常需要写报告，没多久我就发觉自己很讨厌写报告。我不仅讨厌写报告，还讨厌看报告。

通过这件事我发现自己有一个特点，或许可以说是弱点，就是我不太喜欢通过文字跟别人沟通，我喜欢面对面地用语言来沟通，就算打电话也比看报告好。一个坐下来面对面沟通的机会，能让我了解到对方对一件事的看法，而报告里的白纸黑字对我来说一点儿感觉都没有，效率也很低。我发觉我收获最多的时候，就是在和别人面对面沟通的时候，这个时候我的想法特别多。

同样，如果你不善于运用文字，逼着自己看和写也没用，如果你不善于，也不喜欢用语言沟通，逼着自己整天和别人聊天也不合适。适合自己的方式才能带来最好的效果。

管理者的沟通方式和思维方法往往会影响到他的整个管理风格。我做管理者的时候就很少要求我的下属写长篇大论的报告。我倒希望他们多花一点时间去见见客户，研究问题，或者做技术上的调研，总之不要浪费时间告诉我他们做了什么。

写在纸上的想法更有力量

有研究表明，如果要将一个概念清晰化，最好的方法是将你的想法形成文字，写剧本的人在这方面应该很有体会。

当我们搜集好所有的事实后，怎样去分析变得很关键，卡内基建议将事实写到纸上。写到纸上的好处是逼着自己将问题定义得更精确，有时候当我们将问题定义清楚之后，问题就已经不存在了。

要将问题清晰化，可以分为四个步骤：

1. 将收集到的事实写下来；
2. 分析事实，你的问题是到底什么；
3. 根据清晰的问题定义来拟定解决方案；
4. 选择最优解决方案，然后执行。

将想法写下来是一种很好的方法，因为要写到纸上，你就会逼着自己用清晰的、准确的语言将事情描述出来，如果思路不清晰你是写不出来的。

根据过去写微博的经验，我深深体验到将想法写下来的好处。很多想法以前可能不是很清晰，经过文字表述这个过程后，我发觉自己的想法又有了进一步的升华，所以我鼓励很多只看不写的朋友也动动手，将脑中的想法写下来，你的收获会更大。

▶▶ 改变环境就能改变行为 ▶▶

过去我每天出门的时候，通常都会带上一大堆电子产品，其中一个就是 iPad。iPad 里面有很多应用，可以看书，可以玩游戏。不知道从什么时候开始，我养成一个习惯，一打开 iPad 就玩游戏，所以有一段时间基本上是把 iPad 当成了游戏机。

后来我就买了 Kindle，Kindle 只有一个功能，就是看书。现在我每次出去，不带 iPad，只带 Kindle，也就是我身上带的这个电子产品只能看书，不能玩游戏，所以我自然就会去看书。不要小看这个小小的改变，每天看半个小时，一个月 30 天，你可以算一下，我看书的时间就多了很多。

为什么我不在 iPad 上面看书呢？其实也可以，但是我看书的习惯不在 iPad 上面，一打开 iPad，我就去玩游戏了。要改变这个习惯很难，所以我就选择改变环境，培养出不同的行为，我看书的习惯在 Kindle 上面，所以我出门就带它。习惯是很难改变的，但环境却容易改变，环境的改变，可以推动行为的改变。因此，要想改变习惯，先要改变环境，环境改变之后，你的行为就跟着改变了，行为改变之后，慢慢地就会形成新的习惯。

▶▶ Make it Simple ▶▶

过去在公司做高管时，财务部的同事每天都要加班加点地为我制作各种财务报表，但我发觉这一大堆报表对我管理业务并没有多大帮助，不只没有帮助，有时候甚至把我搞糊涂了。所以我后来就跟我的财务官提出一个“一张表”的要求，就是将所有信息都呈现在一张表上，做到一目了然。

这个一张表的要求给财务部带来一个不小的挑战，因为信息太多。将简单的事情做复杂很容易，但把复杂的事情做简单就十分困难，从复杂到简单需要知道怎样取舍，怎样整合，如果对业务不是很懂就很难做到。所以简单真是不容易，所以有人说：“简单就是力量”。有一次与一个进步很快的销售同事聊天，发现他做的事情都是很基本的，就是见客户、见合作伙伴，全面沟通，然后作出一个计划，最后就努力执行。整个过程当中没有花招，都是很简单的事情，但是他把这些事情都做得很好。

在今天这个信息泛滥的社会，企业和个人都要面对一个挑战，就是要在茫茫的信息海洋里找到你最需要的信息。

make it simple 不是一个方法，而是做事的主导思想，每一件事情你都要想一想有没有更简单的方法去处理。就像制作 PPT，每一张幻灯片你都要问：

这张真的需要吗？

管好自己的时间

时间是我们最宝贵的资源，今天的“你”就是你过去怎样分配时间的结果。你常常花时间运动，那你的身体就会好；你常常与朋友交际，你的朋友就会多。管理好自己的时间不容易，但我们没有选择，一定要做好。如果我们自己不控制自己的时间，那时间就会控制我们，整天都很被动地去过，时间花了也不知道究竟做了什么。

先要知道自己利用时间的习惯。我们来做一个简单的作业，从明天开始，你要将你一整天的活动做一个详细的记录。可以一个小时为一个时间段，记下每个小时段里做了哪些事情，如果你有用 Calen-

Positive Energy

当你分析自己的时间分配时，可以问自己：1.你认为今天的时间分配会帮你达到目标吗？2.你今天“执行”的时间分配与“计划”的时间分配一样吗？

dar 等时间管理工具的习惯，这个作业就已经做好了。

每天都这样记下来，两个星期后就可以做分析，看你利用时间的习惯是怎样的。根据你目前利用时间的习惯，你认为一年后会取得什么成果，这个成果是你要的吗？如果不是，那你想要取得什么成果？你要做出怎样的改变才能取得你想要的成果？你要问自己以下的问题：哪些活动我以后不做？哪些活动以后少做？哪些活动以后多做？哪些从来没有做的活动以后要开始做？

经过这样一番思考，我相信你很快能将自己的时间控制起来，至少你开始了解你每天的时间是怎样利用的。我很强烈地要求大家使用一些 Calendar 之类的工具，对于管理时间绝对有帮助。

职场一念之转

- 曾经看过一部电影，一名酒店服务生与一位住客聊天。服务生说："如果用心观察大堂里的细节，你可以学到的比在 MBA 课堂上学到的还要多。"这句话很有道理，同样一个岗位，有些人能够学到很多，发挥得很好，因为用心了。反过来，如果你没有用心去做，那就是在浪费生命。
- "上天让你得到一个领悟，不是要你独占，而是要你与别人分享，我们都是传道者。"这是我很喜欢的一句话。我发觉与别人分享自己的经验也是很好的学习机会，分享能将经验升华。在分享的过程中，你可以对自己的经验重新做一番检视，也可以在沟通过程中了解对方的想法。这也是一种学习。
- 有一次上课时谈到"在新岗位上找不到感觉"这个问题，我问大家这是好事还是坏事。我个人认为，如果你长期找不到感觉，那可能不是好事，但刚开始找不到感觉是正常的，表示你需要学新东西，这是好事。反过来，如果你在岗位上太有感觉了，太舒适了，那说明你可能已经停止学习了，反而不是好事。

- 当你没有太多经历的时候，没有主见是正常的，多听取别人的意见，最后从实践中找到自己的主见。但当你经历多了之后，新的挑战就是要保持这种学习精神，愿意听取不同人的意见，不要什么事情都固执己见，否则很容易与时代脱节。
- 很多年轻人都希望找到一位人生导师，带着他们走向成功之路。其实这位人生导师就在我们周围，社会上的每一个人都在尽力改善自己的生活，每一个人每天都在你面前展示他们迈向成功的做法，关键是你能否看得见。

点滴智慧 Q&A

网友

林老师好，我是一名即将毕业的大四学生，请教您一个问题，您认为大学生走进社会，最缺的东西是什么，或者说我们需要在哪些方面提升自己，想听听您的看法，谢谢。

林正刚

我认为学生需要在两方面加强。我曾经说过很多次，一个人的能力是综合心态、沟通能力与知识的一种混合能力。在学校基本是求知识，很少有机会得到心态或沟通能力这两方面的培养。

我们很多员工对刚离开学校的学生的评价就是不会做人。心态与沟通能力就是做人的基础，要做好事就要先做好人。希望大学生在这两方面能多加注意。

网友：林老师好，您常说要向周围的人学习，但是我最大的问题就是看不到自己的缺点，却总是能看到别人身上的缺点，我应该怎么办？

林正刚：我觉得这个问题太有趣了。其实我相信很多人都有这个习惯，只是没有意识到或没有说出来而已，你能将它说出来，本身就是“知道自己的缺点”了。

网友：我很想拓展自己的视野，多了解一些东西，但不知道从哪里下手，请您指点！

林正刚：我认为可以多从别人的角度看事情，包容别人的意见，这样才能让自己的视野有发展的空间。要做到这点，就需要有包容的心态，对方的观点不一样，不要尝试“说服”他，而是尝试怎样去“理解”他。看事情可以有多种角度，没有绝对的对与错，只是角度不一样而已。

第二部分

Positive Energy

让组织充满正能量

▲第 5 章▲

管理：和员工一起成功

我刚刚升为管理者的时候，有一个同事，也刚刚升为管理者。一次我无意中听到他跟秘书说：“我的办公室不够大，我想换一个。我门口牌子上的名字写得不好看，能否给我改一下?”他很在意什么呢?他很在意自己升了官之后拥有哪些新的权力，比如有没有停车位，有没有自己的秘书，以及现在谁有事要通过他的秘书才能找到他，却忘记了自己现在作为管理者，担当的责任和以前不一样了。

我常常说，领导是责任不是权力。要成为一个好领导，先要搞清楚几个问题：我有什么新的责任，我要负责哪些事，我怎么去满足工作上的要求以及大家对我的期望。公司赋予你权力是为了方便你做好工作，并不是拿来满足你的虚荣心的。所以一个人是不是好领导，很快就可以看出来，只要注意他关注的重点是放在权力还是责任上，就清楚了。

有一本书叫《好老板，坏老板》（*Good Boss*, *Bad Boss*），根据这本书的数据，美国有2 000万员工是因为受不了bad boss而离开企业的。这个数据很吓人，想想这会给企业带来多大的损失，都是GDP啊！所以我常常在想，一个bad boss能否变成一个good boss呢？除了良好的沟通能力和必备的知识技能之外，作为管理者最重要的还是心态。

有CEO问我，心态要修炼到什么程度才算到家？我说：“当你真心认为一切的问题都是你引起的，一切的错误都是你犯的，下属表现不好是因为你引导得不好，成功都是别人的，当你有这种能容纳宇宙的心态时，就差不多了。”

管理事情，领导心态

有一次讲课，有人问我什么是领导力，以及管理跟领导之间的区别是什么。我是这样来解释的，领导力在英文里是 leadership，它与岗位是没关系的。当我们说一个人很有领导力的时候，我们的意思是，他有影响别人的力量，即使他做的可能是很基层的工作，他也有能力让别人愿意跟随他、学习他、模仿他。所以，领导力最重要的表现就是，能够让别人做出跟随自己

Positive Energy

要衡量自己的领导力可以从两方面考虑：1. 是否有很多有能力的人愿意接受你的领导；2. 你能否将这些人组成一个很有执行力的团队。

的行动。

换句话说，你有没有领导力，并不取决于你的岗位。员工接受你的管理是因为你坐在管理者的位子上，而愿意接受你的领导，则是因为你的个人魅力。一言以蔽之，管理是管理别人的事情，领导是领导别人的心态。

从另外一个层面看，管理是管理别人，领导是管理自己。领导只要把自己管理好了，自然会有很多追随者，大家都愿意跟随你、模仿你，这就是领导力。

▶▶ 管理就是做人， 先管好自己 ▶▶

领导力就是你的影响力，领导力的强弱要看你能影响多少人。那么如何提高你的影响力呢？如何让跟随你的人越来越多呢？很简单，将自己管好就行了。

我先说说我的管理理念。我认为做管理的第一件事就是将“管理”这两个字扔了，没有人愿意让别人管，所以你一旦企图去管别人就已经陷入了困境。作为领导，重要的不是学习什么管理技巧，而是要掌握领导者应有的心态，那就是以帮助自己下属成功为自己的成功。如果没有这种心态，你整天只会在一些人际关系里面折腾。

作为一个管理者，你是管理你手下所有人的行为，但是作为一个领导者，你要引导别人，就要将注意力放在自己身上。只要你将自己管好，别人自然会以你为模范，愿意追随你。我认为这就是无为而治，你不需要做什么事情刻意去管对方，只要将自己管好，表现出最理想的行为，那么大家就会愿意去模仿你。所以领导者跟管理者最大的区别就在于注意力，管理者是将注意力放在对方身上，领导者是将注意力放在自己身上。

Positive Energy

> 当员工发自内心地欣赏你的为人处事和做事方法，把你当做他的学习对象，自然就愿意服从你的管理。所以提高领导力的第一件事就是管好自己。

管理就是做人，做好一个管理者先要做好人。首要的是修炼好心态，培养好沟通能力，学习需要的知识，这是毕生都要做的事情，只有起点，没有终点。

▶▶ 做管理不能有明星心态 ▶▶

我有一位做过十几年销售的同事，他是一个很成功的销售人员，客户都很喜欢他。有一次他约我谈话，他问："老板，我什么时候才能升职？"我说你想做什么，他说想做管理。

我跟这位同事在工作上的接触比较多，所以比较了解他，我知道他是一个很有能力的销售。但是我也很清楚他的弱点，他不懂得如何将团队组织起来。

所以我告诉他："等你的心态准备好的时候，你就可以升职了。你有足够的做事经验，但是你目前缺乏做管理者的心态。我不能让你坐上管理的位置之后才去培养这种心态，因为那样你会伤害很多人。

所以，当你培养出这种心态的时候，我才能让你坐上管理者的位置。”

为什么很多出色的年轻人没办法从一个基层员工过渡成一个好的管理者呢？原因就是他们的心态从来就没改变过。

基层员工和管理者最大的区别就在于心态。作为一名基层员工，你赢了就是赢了，功劳是你的，你就是明星。但是作为管理者，千万不能有明星心态，而是要推举幕后的人，也就是你的下属，他们每一个人都是你的明星。

Positive Energy

作为管理者，你唯一的责任就是要确保你的员工成功，他们的成功才是你的成功，这就是普通员工和管理者最大的区别。

有很多刚刚上任的管理者因为没有把心态调整好，出现打压自己的下属、跟下属抢功劳的行为。在某种程度上，我会责怪他的上司没有好好地培养这些人的管理者心态，这是公司管理培训方面的重大失误。

不是每个人都适合做管理者的，这是高层管理者需要注意的问题。

▶▶ 真实：领导力的重要元素 ▶▶

几年前我参加了一个领导力培训，上课的讲师研究领导力已经三十多年了，所以经验十分丰富。他谈领导力的时候，有两点我记得很清楚。

第一，好领导是没有固定模式的，不是说领导就一定需要如何如何，其实领导可以有很多种行事风格。

第二，他在研究中发觉好领导有一个很重要的共通点，就是真实，用英文讲就是 authenticity。就是说领导不是神仙，领导不是上帝，领导也会犯错，领导也会哭，领导也会失态，领导就是一个普通人，只是坐在了领导这个位置上。

Positive Energy

> 不要担心因为自己是领导，犯了错就会失去员工的尊敬。完全没有这个必要，其实，越是不惧怕犯错，越能受到员工的尊敬。

讲师的这番话给我的印象特别深，你看今天很多坐在领导位置上的人，整天在装，装得好辛苦，有些高管压力特别大，为什么呢？因为他们要装作什么都懂。

我觉得作为领导，很重要的一点就是真实，应该这样想：我也是人，我只是在做领导的工作，并不代表我什么都懂。如果我有错误，我要承认；我失态，也没什么大不了，因为我不过是个普通人。如果领导能够这样想，员工跟他接近肯定没有太大的压力，沟通也会顺畅很多。

管理的三个层面：策略、计划与执行

我做管理很多年，开始的时候对管理可以说是没找到门路。我没念过 MBA，也没正式上过什么课，没有人给过我一个很宏观的架构，告诉我管理到底是怎么回事。所以我的管理知识都是自己一点一点琢磨出来的。

从管理来讲，我只看三个层面。第一个就是策略层，也就是拟定公司的发展方向。第二个就是计划层。公司有了方向之后，需要一个具体的计划来实现目标。第三个就是执行层了。有了计划之后不去执行，还是等于白说。

如果你是一名基层管理者，你要很熟悉执行层要做些什么事情，你要知道你需要建立什么样的管理机制，确保你能够根据上司给你的计划去执行。

Positive Energy

策略、计划和执行这三层千万不要放在一起，如果需要策略的时候谈计划，需要计划的时候谈策略，就全乱套了。

如果你是一名中层管理者，你除了需要执行能力之外，还要有计划的能力。如果你的上司给你一个方向，你需要有足够的能力根据这个方向做出一个可行的计划。

高层管理者就不用说了，执行能力、计划能力和策略能力都要有，但你可能要花比较多的时间在策略层上。

作为管理者，你要做的事情不是介绍你的计划里面有一二三点，而是需要建立一个管理机制去保证它的执行，因为这些事情要很多人去做，不是你一个人可以关起门来做的。所以一定要学会通过一个管理机制，在三个层面中自由地来回转换，使三层之间能互动，而不是分开独立运作，整个架构应该是三位一体的。

“不信任”的管理机制

外企很注重企业内部的相互制衡、相互约束，避免一人独大的局面。公司总裁有权力制定、改变财务预算，但如果要做出财务预算以外的调整，就需要与其他部门协调，总裁不能一人说了算。管理机制也是从相互制衡的出发点来制定，尽量做到透明化，让作弊的成本很高，让员工之间有互相信任的基础。

有一次在深圳讲课，课后有一位董事长来找我，跟我讲了这样一件事。他说：“我的年轻干部都是我从学校挑出来亲自培养的，刚进来时都是一腔热血，立志要做一番事业，满口忠诚，但是没过几年很多人都变质了。”

我们中国有句话叫“用人不疑，疑人不用”，这的确有道理，但互信是需要条件的，谁能保证对方是100%可信的。有一位年轻创业者就因为过于相信他手下的一员大将，结果整间公司都被骗走了，他差点就无法翻身。人性是有弱点的，一个原来很老实的人，如果身处一个缺乏管理机制、作弊成本很低的环境中，也会有犯错的一天。

所以企业的管理机制需要建立在“不信任”的基础上，有了这个基础，员工就不用刻意去证明自己是可信的，同事之间反而可以很快地将互信建立起来。

▶▶ 企业要像一支乐队 ▶▶

我常常用音乐来谈管理。我的乐队有五个人，每个人都有各自的专长，每个人在他的位置上都要发挥自己的本领，大家互相配合，美妙的音乐就这样产生了。

我们第一次一起排练的时候，租了一个地方，找了几个朋友，也没有商量要弹什么歌曲，我就翻开歌本，随便找了一首曲子。弹了一小段，架子鼓就进来了，贝司也切入了，其他人也陆续开始了，就这样一口气演奏了五六首曲子。我觉得我的乐队成员很有默契。

企业能否成功，关键是看团队有没有默契，有默契的企业执行力就强。现在整天说执行力，执行力最重要的还是默契，你知道怎么行动，他知道怎么配合，这就是最好的执行力。培养默契需要架构，大家都知道同样的架构，才能有默契。所以，当管理的架构达到默契，执行力就有了。

Positive Energy

企业要像乐队一样有默契，乐队都有乐谱，确保每个成员知道什么时间应该做什么事。同样，企业需要计划，还需要相应的管理机制保证计划的实行。

一个企业要像一支乐队，指挥家就是企业领导，乐谱就是企业计划，每个乐手就是不同部门的员工，指挥棒一动，动人的音乐就响起来了。然而今天有不少企业就像没有乐谱的乐队，可以想象企业的运营会是什么样的状态。

▶▶ 老板不应该给下属压力 ▶▶

我做了三十几年职业经理人，跟随过很多老板，有很好的，也有不是太理想的。但是我觉得老板没有好坏之分，区别可能只是在于有一些人的做事方法你不愿意去模仿，另一些人的做事方法你很欣赏并且愿意去模仿。每一位老板都想做好他们的工作，只是每个人的工作方式不一样而已。

Positive Energy

员工的压力来自他对工作的责任心，老板应给予鼓励而不是压力，对于不负责任的员工，即使施加压力也不能带来正面效果。

有些老板觉得一定要给下属压力才能显示自己是老板，这可能是出于责任心，或者是其他什么原因。但我不认同这一点，我也不会这样做，因为我觉得这种压力是多余的。

压力其实来自于一个人对工作负责任的态度，如果这个人对工作不负责，给他施加压力效果也不大。如果是一个负责任的员工，老板基本上不需要给他压力，而应该给他鼓励。因为他在外面面对的各种压力已经够大的了，回到公司还要承受来自老板的压力，实在没有必要。

另外，我从书本以及自己的经历中得到一个结论，人在压力之下，创造力和灵活性都会大打折扣。当一个人有压力的时候，整个人都会不舒服，做事也没有激情。

所以我常常说，老板没有必要给下属压力，压力对于帮助下属做好工作意义不大。不要忘记，作为老板，你的责任就是帮助下属成功，你做的任何事情如果违背这个原则，就不应该做。

有 CEO 问我，最近企业产出情况不好，有什么好招可以给员工施加压力？我对他说，在你假设你的员工不努力之前，先看看管理内耗是否增加了。很多企业人数越来越多，产出反而下降，就是企业内耗的问题，这个时候加压，后果可想而知。

▶▶ 鼓励一定比惩罚好 ▶▶

我曾跟一位年轻的创业者交流关于他的企业的管理状况。我给他举了一个例子，告诉他诚信是要通过管理机制培养出来的，如果没有适当的管理机制去约束人的行为，原本很有诚信的人也会慢慢变质。

他听了这个说法之后认为很有道理。后来我再碰到他，他十分高兴地告诉我："我准备成立一个像香港廉政公署一样的团队，直接对我负责，调查解决一些诚信方面的问题，这些问题一旦解决，很多生意就会从个人回到公司的业务中去。"

我听了之后说："你的想法不错，但是我认为不全面，如果你只做这一件事，会带出一种不好的文化，公司里整天都有人在调查员工，会造成一种紧张的气氛。而实际上我认为大部分员工还是想做好工作的，最后很可能因为小部分不诚信的人，而令所有人感觉到每天都被监视着，我觉得这种企业文化是不健康的。”

所以我建议他：“不要光是建立惩罚的机制，更重要的是建立一些鼓励的机制。你要找出一些积极的、你希望发生在员工身上的行为，然后通过绩效评估去鼓励这些行为。大部分情况下都应该鼓励员工，惩罚只是在需要的时候才拿出来用，绝对不能成为唯一的方法。我希望每一位职业经理人都记住，在企业管理中，鼓励一定比惩罚好。”

不做没有结果的计划

我曾经当过市场部的总经理，当时市场部的一个很重要的任务就是制订年度计划。我那时刚刚担任这个所谓的高管职务，没人教我，所以搞不清方向。于是我就根据自己的理解，再问问别的同事，就这样忙活着做了几年的年度计划。

现在回想起来，虽然我每年做计划都很累，每次都要做好几个月，但实际上都是浪费时间，因为这些计划最后都放在文件柜里，毫无用武之地。

Positive Energy

计划是“流程”而不是“结果”，我们的目标不是做个计划，而是建立一个有效的“计划流程”。

当时我不明白是哪里出了问题，后来渐渐清晰了。

第一，年度计划只是我们市场部的一个重点任务，公司并没有将它纳入到管理机制里。举个例子，我做出来的市场计划跟销售部门的计划完全不挂钩，没有任何关系。因此我想做什么市场活动，没有销售去跟进，也没有销售去配合，这不是浪费时间吗？

第二，年度计划不涉及绩效评估。就是说，我做出来的计划没有人去执行，因为没有人需要它，它不在任何人的绩效评估里面，所以这个计划是没有用的。

第三，做年度计划只是出于一种习惯，而不是真的需要。当时做计划的时候，完全就是为了做计划而做计划，是一种工作习惯，就像交作业一样，从来没问过这个计划到底有什么用。

这个经历听起来有点负面，但我也从中学了不少东西。后来总结做计划的经验，领会到做计划是一个“流程”而不是一个“结果”。我们的目标不是将计划做出来，而是将一个有效的“计划流程”建立起来，这对我以后提高工作效率有很大的帮助。

给你认为对的人一个机会

我刚开始工作的时候，曾经做过一个小小的部门主管，这个部门有多小呢——只有我一个人。我记得当时我很费力地申请，让公司调一个人来帮忙，公司让我自己找人，我就在内部员工里找，看看有没有适合的。

当时有一个同事，蛮出名的，很多人觉得他是一个爱偷懒的人。因为他受了工伤，身体恢复之后就不愿意回去做工人，要求转岗，想做软件开发的工作。但是他是工人出身，完全没学过这方面的东西。

他当时找到了我，我就去了解了一下情况，我觉得这个人还行，因为看得出来他对软件开发很有兴趣。当时很多人用 Apple 电脑，我还记得他用的是样子笨笨的一款老式电脑，看得出来他在这方面很痴迷。

Positive Energy

选人是一门艺术，很多时候凭的就是一种直觉，只要你认定一个人具有胜任这项工作的潜力，就不妨给他一个机会。

我一直相信，如果一个人很痴迷一样东西，他一定不会做得太差，于是我就准备请他来我的部门。但是后来我发现大家对他都很有意见，都说这个人很懒，因为不愿意回去做工人，所以才要找一些舒服的工作来做。

考虑之后，我还是力排众议，决定给他一个机会。到现在我也说不清楚为什么这样做，即使在当时也说不清楚，但我觉得可以给他一个机会，我觉得这不会有什么损失。后来证明，我当时的这个决定是正确的，他做得还不错。

选人是一门艺术，很多时候凭的就是一种直觉，只要你认定一个人具有胜任这项工作的潜力，就不妨给他一个机会。有时候很多人给你建议，你可以听，但不一定要完全接受，最后还要凭自己的感觉。我一直都是凭感觉选人，当然也有选错的时候，但是大部分时候还是选对了。所以要相信自己的感觉，给你认为对的人一个机会。

管理要因“人”而施

管理需要因“人”而施，就是要根据对方的特点来采用相应的管理办法。但我这里说的“人”不是一两个人，而是指一个群体。

多年前，我有一位朋友，他开过工厂，后来想朝软件方面发展，所以开了一家软件公司。有一次我去看他，在他公司门口看见一个打卡机，我觉得很奇怪，就问他放打卡机干吗，他说工厂都用打卡机，所以他的公司也一样。

这件事情我思考了很长一段时间，我认为这可能是个很好的例子。我们很容易用过去的惯性思维来理解可能完全不同的东西。软件公司明显和其他工厂很不一样，但是因为我那个朋友以前是开工厂的，习惯了管理工厂的思路，软件公司他没管理过，也没考虑太多，所以就把以前的管理风格、管理手法照搬过来了。

但是，软件工程师的做事方法会跟工厂的工人一样吗？这是不可能的。工厂基本上是做流程上的东西，每个人都要跟着这个流程走。但是软件开发面对的是软件任务，是一种创作型的工作。

Positive Energy

管理要因“人”而施，因人就是要根据群体的特点，考虑他们是做什么工作的，做事方法和思维习惯是怎样的。

搞创作的人不多不少也会有些艺术家的风格，灵感来的时候就可以做出很多东西。好像我现在写书一样，灵感一来就停不下来，但是如果没有灵感，坐在电脑面前，可能一句话都写不出来。用一种管理非创作型工作的方式去管理创作型的工作，明显有问题，当你这样来考虑的时候，你就知道这个做法是错的了。

这个故事说明，管理一定要因“人”而施，因人，就是要根据群体的特点，这个群体是做什么工作的，他们的做事方法、做事的手段和思路是怎么样的。管理实际上就是要提供一个环境，让所有员工都能发挥他们的能力，这才是管理的目的。所以，将打卡机搬到软件公司就是很不配套的管理手段。

被别人收购的那一刻

我做职业经理人的这几十年里经历了很多事情，很多都忘掉了。不过有一件事确实让我印象深刻，那就是在我的职业生涯里，唯一一次公司被别人收购。当时我面临很大的挑战，因为我还要面对客户，要向他们解释公司到底发生了什么。事实上公司正在不断走下坡，但我仍然要努力保持客户对公司的信心。

我还记得真正被收购的那一天，有一个员工走进我的办公室，像被打败了一样，头都差一点碰到地上了。

当时我跟他说：“你应该把握好这个机会，因为这样的经历我们一生也遇不到几次。那么大的一家公司，曾经在IT行业排名第二的公司，居然被人收购了！有多少人能有这样的经历？事情既然已经发生了，我们就应该好好体会一下，从中学点东西。”

Positive Energy

员工遇到挫折的时候有负面的反应是正常的，关键是领导者要有能力把他们从低谷中带出来，用积极的心态去面对。

事实上，在这个过程里面我也学了不少东西。我觉得很重要的一点是，员工遇到挫折的时候有负面的反应是很正常的，关键是领导者要有能力把他们从低谷中带出来，用积极的心态去面对。

回忆这几十年，有成就，也有遗憾，但是我并不在意。我把精力更多地投入到对未来的关注，对“人”的管理中。我常常跟同事讲，我最大的收获和满足就是看到我的员工不断进步，看到跟我共事过的同事最后都能成为成功的职业经理人。

员工犯错不一定是坏事

我有一个朋友很有本事，年纪轻轻就开始创业，经营着一家工厂，做得不错。某天我们在网上聊天的时候，他说他快被气死了，因为他的员工总是犯错，负责的产品总是有质量问题，所以他就把员工修理了一顿。

于是，我对他说："你认为如果他没有犯这个错误，或者你自己没有发现这个错误，那么你的生产流程就没有问题了吗？"他想了想说："也对，一定有问题，只是没发现而已。"

员工的工作出现错误，但他本人不一定是这个错误的原因，只不过流程上的问题通过他的工作表现出来而已。作为管理者，你是否应该感谢他呢？因为他让你看见了这

Positive Energy

骂人只是手段，如果骂人得不到你要的结果，那就不是正确的反应。只有找出错误的原因，加以修正，生产流程才会不断完善。

个错误，让你有机会补救。假如这个错误发生在客户面前，那么你连补救的机会都没有，很可能就失去了一位客户，你宁愿哪一样发生呢？

员工犯错，管理者应该正确地引导，如果你总是破口大骂，以后员工只会将错误藏起来，那么你就永远没有机会真正意识到并解决这些问题。不要忘记，你最终的目的是解决问题，而不是惩罚犯错的员工，因为惩罚本身对改善业务流程没有任何帮助。

▶▶ 有用的销售指标 ▶▶

一家企业请我做教练，老板说他的销售人员工作积极性很低，但不清楚是什么原因。通过调查，我了解到这家企业基本上没有设立销售指标，这也就是为什么销售人员都坐着不动了，因为他们根本没有有效的销售指标。

二十几年前我开始做销售，当我拿到销售指标并在上面签字的时候，大家都开玩笑说这是签血书。我一签字，我就知道我这一年的收入都跟这个指标挂上钩了，指标就变成我的动力。我开始想应该怎么去完成它，然后就开始行动，而不是坐着不动。

销售指标通常是一个数字，但是又不是一个数字那么简单，它需要相应的激励机制和财务系统来支持，才会变成有用的指标。比如，我现在给你一个 3 000 万元的销售指标，光是 3 000 万这个数字是没有意义的。但是当我说 3 000 万元这个指标，配套一个激励机制，如果你完成 3 000 万元，你的薪水会怎么样；你完成 4 000 万元，你的薪水会怎么样；如果你完不成，薪水又会怎么样。这样 3 000 万这个数字就开始有用了，至少对销售人员有激励的作用了。

但是还没完，你还需要有一个财务系统来支持。当这个销售人员做到 100 万元的时候，他就能够拿到 100 万元对应的奖金，也就是激励机制里面许诺给他的奖金。所以销售指标不是一个空洞的数字，需要激励机制和财务系统的支持，才会变成推动销售人员的动力。

▶▶ 从销售明星看管理机制 ▶▶

一家企业在某个地区出现了一位“销售明星”，他的业绩比所有人都好，他与客户的关系也很好，他就像客户的代言人。这原本不是坏事，甚至可能是好事，但是他将自己和客户的关系看成是他的私人财产，尽一切可能去保护，任何人都不能接近，让人觉得他将公司绑架了。

Positive Energy

销售管理是一套系统，它的基础是企业的文化价值观。通过一套管理机制与工具，结合文化价值观，培养出正确的销售行为。

之所以出现这种现象，我认为是因为企业缺乏一套健康的销售管理机制。销售人员进入企业后觉得无所适从，只有上级给出指令时才会有行动，这些企业表面上看有一个销售团队，但缺乏实际的销售能力。在这种环境里面，偶尔会出现一两个不想坐以待毙的销售，他们会自己创造出一套游戏规则，寻找自己的生存空间，碰巧企业也有能满足客户的产品，销售明星就在这种情况下诞生了。

销售明星为自己制定出来的游戏规则当然只会考虑个人的利益，当他的业绩越做越大，个人与企业之间的利益冲突就越来越明显，到最后一定是“分手”结局。

销售管理就是要解决这个问题。通过建立一个系统，使得这些客户都成为公司的客户，而不是销售人员个人的。通过这个系统，公司先要拥有这些客户，然后再决定如何分配给不同的销售团队，让他们去提供服务，而不是反过来。

当企业发觉有销售明星出现的时候，第一个问题就是要检查自己的销售管理机制，找出需要改善的地方。这时候，如果销售明星可以改变一些做事方式，重新按照新机制做事，一切就会重回正轨，否则就要选择让明星离开公司。

职场一念之转

- 企业领导就像一个大齿轮，大齿轮小动一下，作为小齿轮的员工就要飞快地转。所以领导说话要小心，要负责任，不要一分钟一个主意，不然员工会被累死。
- 很多年轻的“老板”最容易犯的错就是不让下属犯错，结果自己把手下的工作都做了，自己应该做的却没有时间做。下属因为没有机会犯错，也没有机会成长，这样的团队没有机会改善生产力，也留不住好员工。
- 企业整天在策略、计划与执行三种活动之间来回地折腾，也就是说三种思维方式常常互相纠缠。管理者一定要知道自己的强项与弱项，用自己的强项来弥补其他成员的弱项，而自己不擅长的方面就要多听别人的意见，目标就是营造一个高度协作的环境。
- 很多企业管理者都知道，要提升企业整体的能力就要适度放权，但很多放权行动都不成功，结果还是回到老样子。原因有二，一是中层管理者只接受了下放的权力而没有接受下放的责任；二是领导者还是没有停止扮演“救世主”

的角色。

- 作为管理者，你一定有机会做一些“不近人情”的人事决定，但对一个人的仁慈可能正是对团队其他人的残忍。我们要常常提醒自己，我们最终的目的不是为某一个人，而是为整个团队或企业负责。
- 请新员工加入的时候，无论他的职位高低，公司都需要有计划地培养他，将工作计划解释清楚，还要给他配上导师，确保新员工能够很快地进入角色。新员工入职时间不长便离开，对员工本身是生命的浪费，对企业也是一种内耗。一个负责任的企业应该对新员工的入职过程给予一定的关注。
- 几年前有一句很流行的话叫“快鱼吃慢鱼”，也就是说是快企业吃慢企业，而不是大企业吃小企业。小企业可以很快，但大企业一定是越来越慢。那怎么办？在互联网时代，大企业可以利用“核心与非核心”的管理方式。因为业务越做越大，越做越多，如果将非核心的部分外包出去，就不会越大越慢。

点滴智慧 Q&A

网友：林总，请问您怎么看CEO和CFO的关系，您觉得怎样的关系是健康的？

林正刚：我认为一个出色的CEO需要为企业创立一个内部互相制衡的机制，这个制衡机制从CEO与CFO的关系很容易看出来。当CFO是CEO的一个业务伙伴时，CEO会对CFO持有不同意见表现得很专注，那这个企业的管理机制就会有一个比较健康的基础。但如果CEO将CFO看成高级出纳，那我就会对这个企业的制衡机制提出疑问。

网友 计划对公司来说很重要吗？如果做好的计划得不到执行，那还有必要做计划吗？

林正刚

我也尝过做计划的苦头，做过一些不能执行的计划，但是不能因为这个原因就不做计划，只是我们需要采取不同的方法来做计划而已。

做计划是一个沟通过程，需要很强的沟通能力才能把计划做好。做计划就是将企业内部资源重新分配，这会影响到很多人的利益，如果过程没有沟通好，就会造成很多矛盾，到最后没法执行。

网友 我前段时间刚刚升职，开心之余感觉很不适应，以前从来不用管这么多事，现在整天手机响个不停，这是正常的吗？

林正刚

我不是很了解你工作的具体情况，但有一点可以确定，如果你的手机整天响个不停，都是要求你拍板去做不同的决定，那只能说明你没有将工作分配好，没有将权力适当地放下去，你的同事也没有负好他们的责任。千万不要认为这种忙碌说明你很重要、大家都需要你，这样只会将自己累坏，将员工的积极性都毁掉。

▲第 6 章▲

职场：营造理想的工作环境

一位年轻朋友对某公司的企业文化很认同，决心要去这家公司。他参与了公司的招聘活动，可惜在最后一轮面试中表现不太理想，结果落选了。我问："这次落选到底是怎么回事？"

他说："最后一个问题回答得不是很到位，考官不太满意。我看我与这家公司没有缘分吧。"

我问："那他们有没有跟你说，你以后都没有机会进这家公司了？"

他说："没有。"

我问："那你对这家公司企业文化的认同改变了吗？"

他说："没有啊！"

我问："那你想去这家公司的意愿有改变吗？"

他说："没有。"

我说："既然你还是希望进这家公司，也没有人告诉你不可以继续尝试，那你明年为什么不能继续参加面试呢？"

他说："明白了！"

举这个例子是想说明，企业文化是员工选择进入和留在一家公司的首要因素。我们每个人都在追求一种理想的生活，而工作与生活是息息相关的，如果能有一个理想的工作环境，那理想的生活也就不远了。理想的工作环境是由理想的企业、理想的领导行为和理想的员工行为组合起来的，这种组合是动态的，时刻都在自我平衡。一家企业其实就是一群人，企业的行为是企业的领导层与员工互动的结果，所以理想的企业就是理想的领导行为与理想的员工行为互动出来的结果。

我在跟同学们互动的时候，发觉大家对“理想的工作环境”的期望很悲观，大部分人都觉得这种环境不存在，以后也不会存在，事实上很多人也是因为这个原因而跳槽的。从企业的角度来看，一家企业成功与否是看它能否留住人，如果大部分员工都想跳槽，那团队的能力肯定不会高到什么地方去。所以企业应该钻研怎样营造一个“理想的工作环境”来留住人才，否则就算有最好的产品与市场，企业还是难以成功。

▶▶ 领导第一件事： 与员工分享愿景 ▶▶

多年前，我有一位朋友突然约我吃饭，他是一家企业的 CEO，听说发展得很不错。他是一个很有愿景的人，思维很活跃，是一个站得高看得远的人。

坐下来后他很快就进入主题，他感觉到他团队的激情在慢慢消失，但又说不出是什么原因。我也觉得很奇怪，因为根据我对他的企业愿景的理解，我觉得他的员工应该会充满激情地投入工作才对，我就问："你的员工对你的愿景认同吗?"他立刻就静了下来，原来他一直都没有将自己的愿景与员工进行系统的沟通，所以没有员工了解他的愿景与激情。所以愿景分享（shared vision）很关键，得不到员工认可的愿景一点作用都没有。

领导的第一件事是做什么？就是愿景分享，就是将他的愿景、目标与他的团队分享。很多企业家都有宏大的企业愿景，可惜没有好好地跟员工分享。企业激励员工最好的方法就是让员工看到企业的发展前景，企业的机会就是员工的发展机会，只要他们看到这个方向，就会成为他们的动力。所以愿景分享很重要，企业家就是传教者，企业管理的第一个问题就是愿景分享，关键词是分享（shared）。

Positive Energy

每一个员工都要知道企业的愿景和目标，而且要知道他个人的贡献会怎样推动企业的发展。

▶▶ 打造企业文化要亲力亲为 ▶▶

企业文化很难用一两句话说清楚，简单地说，文化就是价值观。我认为企业文化就是企业的行为方式，企业的做事方法就是它的企业文化，会影响到企业运营的每一个环节。比如思科的文化包括帮助客户成功、推动变革、积极参与社会公益等。当年我去思科面试的时候，先在网上了解了思科的企业文化以及总裁钱伯斯的管理理念和作风，然后从几次面试过程中，观察它的企业文化是否在每一个层级都清晰可见，这是我决定是否加入这个企业的基础。

我曾经问过钱伯斯先生他是怎样树立企业文化的，他说："Tell a lot of human stories."（不断将很多人的故事传播出去。）每次跟他见面，他一定有一些故事跟我们分享。不仅如此，他还亲身实践企业文化。

有一次我约了钱伯斯开会，他来的路上堵车了，但他没有取消我们的会议，坚持让我在他办公室用电话跟他开会，他一边开车一边跟我聊。这类故事数不胜数，在整个企业中流传。

思科强调大家庭的氛围，管理层的办公室在全世界都是一样大小，钱伯斯的办公室与我的也是一样大的，而且都是在一层楼的中间部分，窗边风景好的位置都是其他员工的。如果出差，无论级别高低都是坐经济舱。

企业文化是一个企业的灵魂，企业文化支配着企业的行为，企业家的一个很重要的工作就是弘扬企业文化。建立企业文化是一把手工程，不能交给别人，所以要求管理者必须亲力亲为。

▶▶ 说出来是口号，体验到才是文化 ▶▶

20 世纪 90 年代初的北京，流行着一个很有意思的 T 恤，老外特别喜欢穿。其实就是很简单的白色 T 恤，前面写着“北京”，后面写着“没有”。这是什么意思呢？原来那个时候，如果你去百货商场，或者去饭店，无论你问什么问题，得到的答案常常都是“没有”，这个 T 恤就是这样来的。

有一次我经过一个新的商场，看见商场大门口拉起一块大红布，上面写着“客户是上帝”。我就有点儿好奇，想看一看到底这家商场有些什么特别的东西，能够让客户感受到上帝的待遇。

进去之后，看见一位女营业员坐在一个卖手表的摊位后面，我就走过去。她看见我走过来了，却将身子一扭，背对着我。可见门口的这块红布，只是老板的一厢情愿，进去之后得到的待遇恰恰相反。这就是一个典型的口号。

再举另外一个极端的例子，差不多也是在那个年代，上海有一家酒店，名字我记不清了。有一次我刚下飞机，看到这家酒店的一个服务生拿着我的名字牌，我说我没有要求你们来接我，他说我不是来接你，我是来看你的车牌号码。他跟着我出去，看我上了车之后，将我的车牌号码打电话通知酒店了。

我一到酒店，一点都不夸张地说，脚还没沾地，服务生就帮我把行李拿进去了。跟着就有好几个人送我到房间里去，一进房间，居然还有我最喜欢的水果。

我就想，这家酒店的企业文化，即价值观是什么？我就试着去找，终于在服务指南最前面的一页找到一行很小很小的字，写着“Personalized Service”，意为“私人化的服务”。这是很简单的两个词，但是通过很多细节让客户切切实实地体验到了私人化的服务，并不是说出来的，而是让人体验到了。

这个故事说明了口号与文化的区别，说出来的是口号，体验到的才是文化。企业文化需要管理层下很多工夫，建立相应的管理机制，培养员工正确的行为，这些行为会让客户体验到你们的企业文化，这才是真正的企业文化。如果只是写在一块红布上面，不去实施，无论挂在什么地方都只是口号。

▶▶ 部门之间的团队精神最重要 ▶▶

在多年的职业生涯中，有几年我负责公司亚太区十几个国家的管理，其中包括中国、澳大利亚、马来西亚和新加坡。我当时发觉，最容易管理的是澳大利亚人，最难管理的是我们中国人，我认为原因可能是文化和价值观的差异。

在中国，很多人都不重视同事之间的合作，觉得有什么事找老板就可以了。但是在澳大利亚，员工对团队精神的理解是，只要在同一个公司，每个人都有责任和其他部门的同事合作好。这种文化差异直接导致了工作效率的巨大差别。

很多员工所理解的团队精神都只局限在自己的团队之内，团队之间的合作总是有不少问题。如果没有部门经理的协调，这些跨部门的“团队精神”就不存在。对企业来说，这也是一种资源浪费，如果一个部门经理整天都在做协调工作，简直成了调度员，什么事也做不成了。

Positive Energy

提高企业效率的关键之一就是提倡、鼓励员工之间的合作，否则企业的内耗会很高，也就失去了竞争力。

▸▸ 因能力而来，因文化不适离开 ▸▸

多年的经验告诉我，很多同事因为公司的发展前景与待遇决定加入公司，凭借优秀的能力进入这家公司，但最后往往都是因为心态不能适应公司的需要而离开。

很多同事刚进公司的时候，大家都认为他们很优秀、经验很丰富，但是很多人离开的时候却不一样了，员工待不下去，都被认为是因为业绩不好。其实这是个谣言，反正我从来不会因为只是业绩不好而辞退同事。

我辞退同事最主要的原因往往是他不能适应公司的文化，因为久而久之，他会越走越偏，最终没办法再待下去。在这种情况下，最好还是选择请他离开。

Positive Energy

企业招聘员工时不能只看对方的学历和能力，还要注意个人与企业在文化价值观上的匹配度。

企业文化主要指全体员工的价值观，员工要对这些价值观认同才能在企业中如鱼得水。企业文化其实就是企业心态，雇员如果不能有企业需要的心态，那么离开企业可能就是一个很好的选择。请人、用人都要以企业文化为基准。

团队里也有文化差异

几年前思科高层认为公司管理层对“全球化”的文化价值观建设有不足的地方。因此，公司内部提出了一个叫“全球领导力”（Global Leadership）的项目，培养中高层管理者对于全球文化的敏感度，定期从全球不同地区挑选一些出色的雇员，送到不同的地方去上课，让他们有机会了解当地不同的文化。

有一次学员们来到北京，我代表中国区欢迎他们。我的第一个任务就是跟这些学员待上两个小时，不是上课，而是做一个沟通，让学员们感受一下不同地方的文化差异。

我记得当时大概有 20 个人，大部分是美国人，也有一些澳大利亚人，还有一位中国同事和几位南美洲的同事。

简单的欢迎仪式之后，我就让他们自由发言。美国和澳大利亚的同事没有任何顾虑，立刻就滔滔不绝地讲起来了。其中一个一口气讲了十几分钟，我不得不打断他。

我说："请大家注意一下，如果我们是一家跨国公司，就应该对不同地方的文化有一定的敏感度。我们有一个词叫 inclusion，就是说对于所有人，无论他的文化背景如何，只要他是我们的员工，作为领导者就要尽一切努力将他们包容进来，不要因为文化的差异将任何一个人屏蔽在外面。"

Positive Energy

领导者要有全球性的文化敏感度，要努力把所有员工包容进来，不要在无形中因为文化的差异，将任何一个员工屏蔽在外面。

"大家有没有注意到，我们这里有一位中国同事，英语不是他的母语，他在发言方面的信心不足，最后可能没有机会发言。在这种情况下，母语是英语的同事就应该注意一下，给其他同事一些发言的机会。如果希望成为一个全球领导者的话，你需要有这个敏感度去包容所有的人。"

Skip Level： 开放的沟通环境

思科的企业文化中有一条是“开放的沟通”，这种说法很多地方都有，但光说不练是口号。要培养这种企业文化，一把手一定要身体力行，否则是没有办法实施的。

开放的沟通就是要确保企业内部的沟通渠道畅通，将企业内部的部门和级别的隔阂都打通，保证人人平等。只要你一心为公司做事，那你就有发言权。

为了培养这种环境，我们采取一种叫 Skip Level 的对话，就是高层管理者可以越级与基层员工直接对话。与基层员工单独聊天是我到每个地区都必不可少的安排，这种行为绝对是反传统的，大部分员工在不了解真实目的的情况之下会出现一些不当行为，比如利用这个机会告状。这种事情如果处理不当，开放沟通就会成为一场大灾难。

当我面对告状这种情况时，第一件事就是找当事人来核实，同时也利用这个机会来讲解开放沟通的真正意义。对任何人有意见，应该先向对方提出，如果解决不了问题，才上升到更高的层面。这就逼着员工之间一定要好好沟通，不要动不动就打小报告，避免产生不必要的内耗。

▶▶ No Wrong Answer ▶▶

很多老板会对员工说："Come with the solution, don't just come with the problem!"（不要光是给我提出问题，要给我一个解决方案！）我相信大部分管理者都希望员工能提出若干解决方案，如果大家只是提问题，没有解决方案，那老板就会面对一大堆问题。当然，很多时候这种情况正是老板自己造成的。

一个企业要拥有高度竞争力，需要激发每一个员工的潜力来为企业服务。企业要有一个环境让员工能够踊跃地发现企业存在的问题，然后提出自己认为最好的解决方案。这个过程中可能会遇到以下两个问题。

1. 我是一个基层员工，如果我真的没有能力想出答案，那怎么办？

这是一个有关态度的问题，答案是一定有的，可能只是不太成熟而已。没有答案只是说明你连思考问题的精力也不愿意投入，如果用心去思考问题，不可能一个答案都拿不出来。

Positive Energy

想要让员工come with the solution，就要先建立no wrong answer 的环境，对员工的提议持包容、赞赏的态度，才能最大限度地激发员工的潜能。

2. 我想出了答案，但水平可能太低，会不会露馅？

管理层需要创立一种 no wrong answer 的文化，答案没有对错好坏之分，让员工都能够放心地提出自己不太成熟的想法。这种环境才能产生更多创新的想法。对于不太可行的方案，管理者应该协助员工了解其方案的不可行之处，并再度鼓励员工提出可行的方案。

想要让员工为企业出谋划策，首先要问自己有没有将这种包容的环境搭建起来，有没有身体力行地鼓励员工大胆发问，大胆地提出解决方案。如果老板没有将这种环境搭建起来，那就实在没有权力要求员工 come with the solution。

▶▶ 写一个大大的“诚”字 ▶▶

我刚到思科的时候，第一件事就是强调树立企业文化的重要性。当时公司还小，正处在高速成长的阶段，所以需要强有力的企业文化作为基础，否则就会乱套。

其中很重要的一点就是诚信，可以说，诚信作为思科的企业文化核心从来没有改变过，即便是到今天，我们也还在不断强调诚信的重要性。因为经验告诉我：诚信是一切的标准，如果对客户没有诚信就不要谈什么帮助客户成功，如果对团队没有诚信也不要谈什么团队精神，如果对合作伙伴没有诚信也不要谈什么合作了。

多年前，我在另一家公司看见这样一件事情。有一位同事下班的时候顺手将桌上的几支铅笔拿起来放在口袋里。我问他准备拿到什么地方去？他说拿回家用，因为家里没有笔。我说："你这样做是在偷东西。"他当时的回答令我很惊讶，他说："铅笔又不值钱，如果拿走的是一台电脑，我同意你说我的诚信有问题。"于是我就领悟到一点，不同的人对诚信的理解是不一样的。

同一个词，从你的嘴里说出来，跟从我的嘴里说出来可能是完全不同的两个概念。所以此后我就不再空泛地讲"诚信"两个字。我请所有的经理做一个"作业"，请大家把各自理解的"诚信"写出来，说说哪一类型的行为是没有诚信的行为。然后，我们将收集起来的答案综合整理之后再发给大家。大家根据最后的统计知道：哦！原来"诚信"是这样的。

所以我觉得很重要的一点就是，我们在宣传企业文化的时候，一定要很清晰地将抽象的词汇用具体的行为描述出来，这样才能统一企业的“语言”，达到应有的效果。

▶▶ 小心规范化变官僚化 ▶▶

现在很多企业都讲究规范化管理，规范化管理绝对是一件好事，特别是今天有很多企业，尤其是小企业，初创时管理上没有一套东西，相当乱，就会给公司带来很多内耗。公司小的时候内耗可能不太明显，一旦公司变大，内耗就越来越严重了，所以规范化管理是一个很好的路子。

但是，什么好东西如果过分了，也会变成不好的东西，凡事都要讲求平衡。举个例子，企业里面的很多规矩，原来的出发点是很好的，但那是针对当时的情况才有了这个规矩，在特定的环境下，规矩能提高大家的工作效率。但是如果环境变了，公司也变了，市场也变了，以前的很多规矩在今天可能就不是很有效。

通常我们在一家公司里面会注意建立规范化管理体系，但很少有人回头去看过去定下的规矩有没有必要继续保留下去。因此变成了有进没有出，规范化可能慢慢地就变成官僚化了。官僚化实际上就是一种习惯，很多时候你做一件事情从不去问为什么这样做，就是因为已经习惯这样去做了，企业的这种习惯累积得越来越多，就官僚化了。

所以企业管理要提防一点，规范化是好事，但是如果不注意定期检视和修正，慢慢地就会形成官僚的体系。

如何避免“上有政策，下有对策”

有一句话大家很熟悉，叫“上有政策，下有对策”。记得有一次，公司高层决定推动一个价值观，告知全体员工："如果你不赞同，就当面说出来。如果不说出来，就认为你是赞同的，你就一定要全力支持。否则就容易出现'上有政策，下有对策'的现象。"

实际上这句话是不用说的，因为在西方文化中，这是理所当然的。许多国家讲究法治精神，就算法律不合理，在没有修改之前，还是要根据这个法律去执行。

在企业管理中也是一样，规矩一旦定下来就要严格遵守，就算有不合理的地方，也要等修改之后再做改变。这种做法往往被中国人看成傻、不够灵活，所以就出现了"上有政策，下有对策"这种"名言"。

Positive Energy

之所以会出现"上有政策，下有对策"，通常是因为公司的做法有不合理之处，而员工又没有渠道提出建议。因此，领导首先要负起责任。

如果有这种问题，领导要负起责任。因为出现这种情况是因为员工没有机会，或者没有渠道指出公司的做法有不合理之处，所以才出此"下策"。要避免这种情况，就要建立一个宽松的环境，和团队一起讨论、研究，然后再做出计划，这样大家就能齐心协力地去执行了。

游戏规则是减少矛盾的基础

我做了几十年职业经理人，我发现我们中国人的教育也好、文化也好，确实在团队协作方面比较弱。我们都自视老大，认为自己是第一，跟别人合作好像吃亏一样。

回到管理上面，我管理一个团队的时候，通常会考虑这种价值观。比如，我接手一个新团队的时候，会先将所有人召集在一起，我要将我的文化价值观、我的做事风格以及我的游戏规则是什么样的讲清楚。只要大家遵守这个游戏规则，那么大家都会很开心。

到底什么是文化价值观呢？举一个例子，我最讨厌别人搞政治把戏，绕到后面打小报告这类花招我是很讨厌的。如果一个团队里面出现这类事情的话，我认为这是一把手的问题，因为他没有先将游戏规则限定好。所以我第一件事就是强调谁都不能玩这个把戏，如果谁要玩，我第一个就把他踢出去。

所以管理者一定要将游戏规则定好。我就从不允许我的团队成员之间发生矛盾，有什么事情一定要讲清楚，作为一个团队的成员，与同事合作是义务，闹矛盾我会请他到别的地方去。

Positive Energy

作为管理者，如果没有定好游戏规则就要去补课。如果定好了规则员工再违反，你一定要警告他，有些东西是不能过线的。

▸▸ 不合理行为往往源自不合理的机制 ▸▸

跟某家公司的负责人聊天，他认为公司的销售部门存在一些不合理的行为：销售总监与他的团队不太协调，团队合作方面十分欠缺。我要求了解他们的激励机制。他告诉我："总监的业绩分为两部分，一部分是他个人负责的项目的业绩，另一部分是他的团队的业绩。”

这让我觉得有点儿奇怪，因为我从来没想过会有这种激励机制。于是我说：“如果是这样的话，你想象一下，作为团队的一员，员工会想：如果老板将我的业绩也算成他自己的业绩，那我不是白做了吗？所以员工会不信任他的老板。而从总监的角度来讲，他有两个盘子，一个是他自己掌控的，另一个是他的团队掌控的。所以他会很自然地想：我先完成容易的，自己直接掌控的当然会容易一点。所以一开始，他的注意力可能都会放在自己的业绩上，团队的业绩就不太重视。”

Positive Energy

责问员工之前，先看一下绩效评估，了解员工的激励机制是怎样的，通常你都会从中找到不合理行为的原因。

从这个激励机制中，你可以发现为什么会出现这种不太合理的销售行为，激励机制本身就是这种不合理行为出现的原因。如果企业里面有些员工的行为令你不太满意，在你责问、批评员工之前，要先看一下他的绩效评估，了解他的绩效评估机制以及激励机制是怎么定的。看完之后，你再分析为什么会出现问题，90% 的情况下，你都可以从中找到答案，不合理的激励机制通常就是这些不合理行为的成因。

▶▶ 融合企业的惯性：并购中的巨大挑战 ▶▶

有人给我介绍了维珍公司创办人理查德·布兰森（Richard Branson）的《商界裸奔》（*Business Stripped Bare*）这本书，其中描述了他从一次并购过程中领会到的企业文化差异可能带来的伤害。

布兰森说，一个并购机会在业务、财务分析上可能是天作之合，但文化的差异可能会导致最后翻船。

这一点我是很有体会的。并购是企业做大的一个很重要的手段，但并购不光是将企业的资产合并进来，更重要的是将人才融合进来，进行重新组合。这就是企业文化对企业并购提出的一个挑战。

最近我在微博上提到一个说法叫做“企业的惯

性”。企业的惯性就是指企业的一些习惯，是企业里所有人集合起来的一些习惯、行为和价值观，合在一起就是企业的惯性。

很多情况下，企业文化和企业的价值观都是在无形中形成的。无论你是否刻意培养，企业文化一定是存在的，你不去培养，企业也会慢慢形成一套自己的习惯。这种习惯形成之后，改变起来会很痛苦。我们在并购过程中遇到的很多挑战，说到底就是因为两家公司的惯性太不一样，企业文化和价值观不一样，做事方法不一样，管理机制也不一样。因此，把这样的两批人放在一起，希望他们彼此之间能够互补，真的是一个很大的挑战。

职场一念之转

- ▶ 企业的愿景是企业给市场带来的价值，是市场让企业生存的原因。愿景不是闭门造车的结果，愿景应该来自客户，当企业对市场有足够的“聆听”后，愿景自然就会出现。
- ▶ 企业的愿景一定要与社会公众利益挂钩，要有big picture。企业发展到了一定的阶段就有替社会培养人才的责任，甚至连小企业都应该有这种想法，如果大家都不愿意做这件事，那么人才怎样才能培养出来呢？
- ▶ 一群人参与一个游戏，第一件事就是要将游戏规则说清楚，什么动作是允许的，什么动作是犯规的，游戏的目标是什么。有了规则与目标，队伍的默契才能建立起来。企业文化就相当于游戏规矩，如果有目标没规矩，团队精神就无从谈起了。
- ▶ 企业要做的很多事情通常都需要多个部门的合作才能完成，部门之间的不合作是企业内耗的主要来源。企业可以尝试用管理流程来解决这些协调问题，但并不是最有效的方法，最终还是要从企业文化入手。

- 有效的绩效评估系统需要有一个强有力的企业文化作为基础。文化是游戏规则，绩效评估则是对游戏结果的评价。没有企业文化，绩效评估就没有根了。
- 企业文化就是员工的集体价值观，企业能否成功，要看价值观是否适应市场的发展需要。如果员工的价值观是追求稳定，那一个变化迅速的市场就会给员工带来很大的压力，企业也会因此与市场脱节。员工如果不能改变自己来适应企业的需要，那就要换到稳定的岗位甚至去其他企业工作。

点滴智慧 Q&A

网友

林总好，您常说企业要有愿景和使命，请问在您看来一家优秀的企业应该树立什么样的愿景?

林正刚

我说过，企业使命一定要与社会公众利益挂钩。举几个例子吧，李开复先生曾经列举过几条，从这些公司的成就可以看出使命的效果。1．索尼：扭转世界认为日本产品是劣质产品的看法。2. 微软：让每张书桌上都有一台电脑。3. 谷歌：整合全球信息，让人人受益。4. 福特：让每个家庭都买得起汽车。5. 迪士尼：让人们快乐。6. 阿里巴巴：让天下没有难做的生意 。

网友 林总，如果某职能部门对业务部门带有监管功能，如何用企业文化解决合作的问题？能不能详解一下，谢谢！

林正刚 如果你们的企业文化是以客户的成功为自己的成功，同时，不管你的职能是什么，都秉持这个价值观，那所谓的监管部门也要以此为目标。如果部门之间有共同的目标，内耗就会降低不少。

网友 林老师，总感觉企业文化这个东西很虚，看不见也摸不着，但是又不能不管，您怎么看？

林正刚 很多人对“虚”有种负面的情绪，说一个人务虚就好像是批评他。企业要成功，虚实要配合好，一个好领导，一定要掌握对虚实事情的分配。虚实就像阴阳互补，缺一不可。

附录

林正刚荐书

How to Win Friends and Influence People by Dale Carnegie
《人性的弱点》戴尔·卡内基 著

Drive by Daniel H. Pink
《驱动力》丹尼尔·平克 著　龚怡屏 译
中国人民大学出版社　湛庐文化出品

Flight of the Buffalo by James A. Belasco and Ralph C. Stayer
《水牛的腾飞》詹姆斯·布莱斯科，拉尔夫·斯德尔 著　陈晓 译
清华大学出版社

The Happiness Advantage by Shawn Achor
《快乐竞争力》肖恩·埃科尔 著　师冬平 译
中国人民大学出版社　湛庐文化出品

The One Minute Manager by Kenneth Blanchard and Spencer Johnson
《一分钟经理人》肯·布兰佳，斯宾塞·约翰逊 著　周晶 译
南海出版公司

Brain Rules by John Medina
《让大脑自由》约翰·梅迪纳 著 杨光，冯立岩 译
中国人民大学出版社 湛庐文化出品

Mindset：the New Psychology of Success by Dr. Carol Dweck
《看见成长的自己》卡罗尔·德韦克 著 杨百彦等 译
中信出版社

Dealing with Darwin by Geoffrey A. Moore
《公司进化论》杰弗里·摩尔 著 陈劲 译
机械工业出版社

Good Boss, Bad Boss by Robert I. Sutton
《好老板，坏老板》罗伯特·萨顿 著 洪慧芳 译
天下文化

the Elephant and the Plea by Charles Handy
《大象与跳蚤》查尔斯·汉迪 著 曾琳，吴英 译
中国人民大学出版社 湛庐文化出品

Business Stripped Bare by Richard Branson
《商界裸奔》理查德·布兰森 著 李志斌，郑云辉 译
中信出版社

Learned Optimism by Martin E. P. Seligman
《活出最乐观的自己》马丁·塞利格曼 著 洪兰 译
万卷出版公司 湛庐文化出品

Blue Ocean Strategy by W. Chan Kim and Renee Mauborgne
《蓝海战略》W. 钱·金，勒妮·莫博涅 著 吉宓 译
商务印书馆

Positioning by AL Ries and Jack Trout
《定位》阿尔·里斯，杰克·特劳特 著 谢伟山，苑爱冬译
机械工业出版社

后记

精彩旅程的开始

无论做好一个职业经理人还是管好一个企业，基本上都是要先学会做人。

这本薄薄的书在整个职场艺术的领域里面无疑是冰山一角，我们懂的永远比我们不懂的少。要了解这座冰山有多雄伟，我们每个人都需要有一个“终生学习”的目标。

从我个人来说，我会继续朝这座冰山的深处挖掘，也欢迎读者朋友与我一起来体验这段终生学习的精彩旅程。

湛庐文化 Cheers Publishing

一切为了您的阅读价值

★ 您知道自己为阅读付出的最大成本是什么吗？

★ 您是否常常在读过一本书后，才发现不是自己要看的那一本？

★ 您是否常常发现很多书都是一时冲动买下，至今一字未读？

★ 您是否常常感慨书的价格太贵，两百多页，值四十多元钱吗？

阅读的最大成本

读者在选购图书的时候，往往把成本支出的焦点放在书价上，其实不然。

时间才是读者付出的最大阅读成本。

阅读的时间成本=选择花费的时间+阅读花费的时间+误读浪费的时间

选择合适的图书类别

目前市场上的**图书来源**可以分为**两大类，五小类：**

1. 引进图书：引进图书来源于国外出版公司，多从其他语种翻译成中文出版，反映国际发展现状，但与中国的实际结合较弱，其中包括三小类：

a）教科书：理论性较强，体系完整，但多为学科的基础知识，适合初入门的、需要系统了解一门学问的读者。

b）专业书：理论性、专业性均较强，需要读者拥有比较深厚的专业背景，阅读的目的是加深对一门学问的理解和认识。

c）大众书：理论性、专业性均不强，但普及性较强，贴近现实，实用可操作，适合一门学问的普通爱好者或实际操作者。

2. 本土图书：本土图书来源于中国的作者，反映中国的发展现状，与中国的实际结合较强，但国际视野和领先性与引进版相比较弱，其中包括两小类，可通过封面的作者署名来辨别：

a）"著"作：大多为作者亲笔写就，请读者认真阅读"作者简介"，并上网查询、验证其真实程度，一旦发现优秀的适合自己的作者，可以在今后的阅读生活中，多加留意并了解。

b）"编著"图书：汇编了大量图书中的内容，拼凑的痕迹较明显，建议读者仔细分辨，谨慎购买。

阅读的收益

阅读图书最大的收益，来自于获取知识后，**应用于**自己的**工作和生活**，获得品质的**改善和提升**，油然而生无限的**满足感**。

我们出版的所有图书，封底和书脊都有“湛庐文化”的标志

湛庐文化 Cheers Publishing

并归于两个品牌

财富汇　　心视界

找“小红帽”

为了便于读者在浩如烟海的书架陈列中清楚地找到我们，我们在每本图书的书脊上部 47mm 处，全部用红色标记，称之为——小红帽。同时，“小红帽”上标注“湛庐文化”字样，小红帽下方标注所属图书品牌名称。

湛庐文化主力打造两个品牌：**财富汇**，致力于为商界人士提供国内外优秀的经济管理类图书；**心视界**，旨在通过心理学大师、心灵导师的专业指导为读者提供改善生活和心境的通路。

用轻型纸

您现在正在阅读的这本书所使用的是轻型纸，有白度低、质感好、韧性好、油墨吸收度高等特点，价格比一般的纸更贵。

关注阅读体验

我们目前所使用的字体、字号和行距，是在经过大量调查研究的基础上确定的，符合读者阅读感受。每页设计的字数可以在阅读疲劳周期的低谷到来之前，使读者稍作停顿，减轻读者的阅读疲劳，舒适的阅读感觉油然而生。

所有的一切都为了给您更好的阅读体验，代表着我们“十年磨一剑”的专注精神。我们希望湛庐能够成为您事业与生活中的伙伴，帮助您成就事业，拥有更为美好的生活。

湛庐文化 Cheers Publishing

湛庐文化2008-2011年获奖书目

《牛奶可乐经济学》

国家图书馆“第四届文津奖”十本获奖图书之一，唯一获奖的商业类图书。

搜狐、《第一财经日报》2008年十本最佳商业图书。

用经济学的眼光看待生活和工作，体验作为“经济学家”的美妙之处。

《大而不倒》

《金融时报》·高盛2010年度最佳商业图书入选作品。

美国《外交政策》杂志评选的全球思想家正在阅读的20本书之一。

蓝狮子·新浪2010年度十大最佳商业图书，《智囊悦读》2010年度十大最具价值经管图书。

一部金融界的《2012》，一部丹·布朗式的鸿篇巨制。

《金融之王》

《金融时报》·高盛2010年度最佳商业图书。

蓝狮子2011年度十大最佳商业图书，《第一财经日报》2011年度十大金融投资书籍。

权威透视国际金融界大佬在大萧条中的群像著作。

一部优美的人物传记，一部独特视角的经济金融史。

《富可敌国》

蓝狮子·《第一财经日报》2011年度最佳金融商业图书。

《第一财经日报》2011年度十大金融投资书籍。

源自300个小时的真实访谈，一部权威的对冲基金史。

《认知盈余》

2011年度和讯华文财经图书大奖。

看“互联网革命最伟大的思考者”克莱·舍基如何开启无组织的时间力量。

看自由时间如何成就“有闲”世界，如何引领“有闲”经济与“有闲”商业的未来。

《微力无边》

2011年度和讯华文财经图书大奖“最佳装帧设计奖”。

中国最早的社会化媒体营销研究者杜子建首部作品。

一部微博前传，半部营销后传。

《神话的力量》

《心理月刊》2011年度最佳图书奖。

在诸神与英雄的世界中发现自我，当代神话学大师约瑟夫·坎贝尔毕生精髓之作。

《facebook效应》

《金融时报》·高盛2010年度最佳商业图书入选作品。

蓝狮子·新浪2010年度十大最佳商业图书，《新智囊》2011年度最具价值十大经管图书。

首度公开facebook非凡创业的26个细节，马克·扎克伯格及40多位核心高管倾情讲述。

《真实的幸福》

《职场》2010年度最具阅读价值的10本职场书籍。

积极心理学之父马丁·塞利格曼扛鼎之作，哈佛最吸引人、最受欢迎的幸福课。

《绕着大毛球飞行》

蓝狮子·《职场》2011年度最佳职场图书。

畅销13年的职场创意手册，贺曼贺卡公司创意总监倾情之作。

湛庐文化 Cheers Publishing

延伸阅读

《驱动力》

◎ 全球 50 位最具影响力商业思想家之一丹尼尔·平克最新作品。
◎ 奇虎360公司董事长兼CEO周鸿祎，易观国际CEO于扬，《世界是平的》作者托马斯·弗里德曼联袂推荐。

《快乐竞争力》

◎ 哈佛大学著名心理学家、哈佛幸福课设计者之一、世界 500 强企业“幸福感”导师肖恩·埃科尔年度畅销书。
◎ 拉卡拉公司董事长兼总裁孙陶然，中国长远控股有限公司主席兼 CEO 刘小鹰联袂推荐。

《干法》

◎ 创建了三个“世界 500 强”的“日本经营之圣”稻盛和夫为你讲述至真至诚的工作真谛。
◎ 创下日本一年内再版 19 次，狂卖 20 万册的白金纪录。
◎ 阿里巴巴集团主席马云，海尔集团主席张瑞敏，新东方董事长俞敏洪联袂推荐。

《活出最乐观的自己》

◎ 积极心理学之父马丁·塞利格曼开创之作，畅销全球 20 年。
◎ 清华大学心理学系系主任、加州大学伯克利分校心理学系终身教授彭凯平倾力推荐。

《让大脑自由》

◎ 美国著名生物学家、国家教育委员会顾问、畅销科普作家约翰·梅迪纳最新力作，长踞亚马逊网络书店神经心理学类销售榜首！
◎ 最有趣的脑科学，释放天赋的 12 条定律。
◎ 微软（中国）有限公司董事长张亚勤、“科学松鼠会”创始人姬十三联袂推荐。

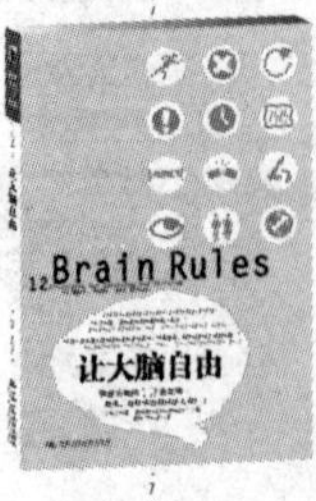

图书在版编目（CIP）数据

正能量：职业经理人的养成 / 林正刚著. —杭州：浙江人民出版社，2012. 8

ISBN 978-7-213-04928-6

Ⅰ. ①正…　Ⅱ. ①林…　Ⅲ. ①企业领导学　Ⅳ. ①F272.91

中国版本图书馆 CIP 数据核字（2012）第130177号

本书法律顾问　北京诚英律师事务所　吴京菁律师

北京市证信律师事务所　李云翔律师

正能量：职业经理人的养成

作　　者： 林正刚　著

出版发行： 浙江人民出版社（杭州体育场路347号　邮编　310006）

市场部电话：（0571）85061682　85176516

集团网址： 浙江出版联合集团　http://www.zjcb.com

责任编辑： 金　纪

责任校对： 张志疆

印　　刷： 北京中印联印务有限公司

开　　本： 880 mm × 1230 mm　1/32　　**印　　张：** 7.125

字　　数： 9.5万　　**插　　页：** 3

版　　次： 2012 年 8 月第 1 版　　**印　　次：** 2017 年 4 月第 8 次印刷

书　　号： ISBN 978-7-213-04928-6

定　　价： 36.90 元

如发现印装质量问题，影响阅读，请与市场部联系调换。

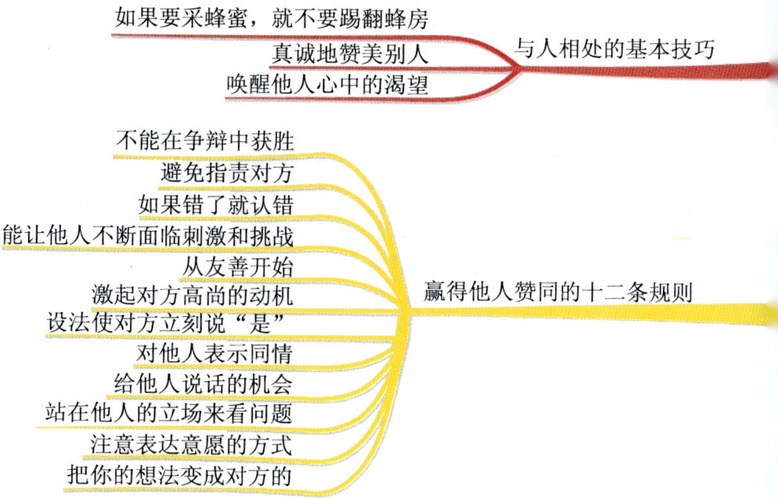
与人相处的基本技巧
如果要采蜂蜜，就不要踢翻蜂房
真诚地赞美别人
唤醒他人心中的渴望
赢得他人赞同的十二条规则
不能在争辩中获胜
避免指责对方
如果错了就认错
能让他人不断面临刺激和挑战
从友善开始
激起对方高尚的动机
设法使对方立刻说“是”
对他人表示同情
给他人说话的机会
站在他人的立场来看问题
注意表达意愿的方式
把你的想法变成对方的

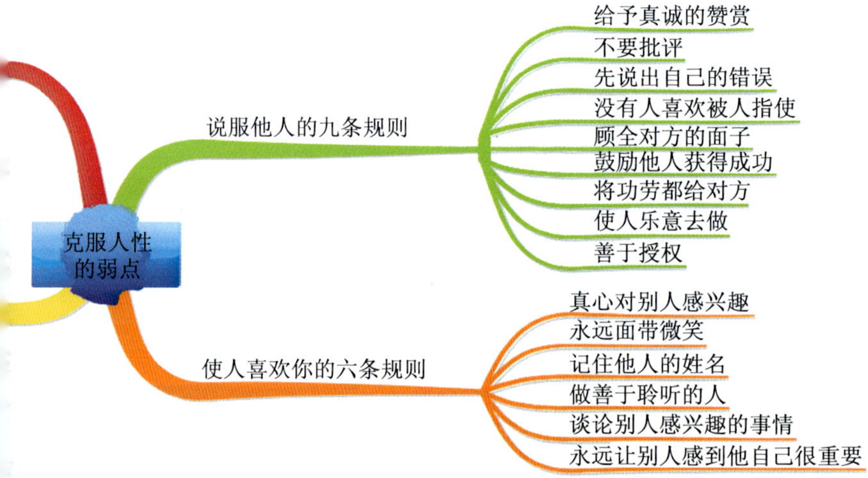
克服人性的弱点
说服他人的九条规则
给予真诚的赞赏
不要批评
先说出自己的错误
没有人喜欢被人指使
顾全对方的面子
鼓励他人获得成功
将功劳都给对方
使人乐意去做
善于授权
使人喜欢你的六条规则
真心对别人感兴趣
永远面带微笑
记住他人的姓名
做善于聆听的人
谈论别人感兴趣的事情
永远让别人感到他自己很重要